図解 眠れなくなるほど面白い

日本のしきたり

監修
祉大学学長　曹洞宗宝林寺住職
千葉公慈
KOJI CHIBA

日本文芸社

はじめに

日本の文化「しきたり」は暮らしを彩るやさしいスパイスです

はるか太古の昔から日本人の暮らしの中には、さまざまなしきたりが息づいています。それぞれのしきたりのすべてには由来やいわれがあり、人々の人生に福や運、健康長寿をもたらす祈りと願いが込められています。

お正月飾りを準備して歳神様《としがみさま》を迎え、おせち料理を食べ、初詣《はつもうで》に行く新年のならわし、節分に鬼を払い福を呼び、ひなまつりにひな人形を飾り、端午《たんご》の節句に菖蒲湯《しょうぶゆ》につかる。お彼岸《ひがん》にお墓参りをし、季節の変わり目には衣替《ころもが》え、お盆にご先祖様の霊をもてなし、大晦日《おおみそか》には家を清めて年越しそばを食べる。

春には春の、夏には夏の、秋には秋の、冬には冬の。
季節とともにめぐってくるこれら「年中行事」は、日々にメリハリを与え暮らしを生き生きとしたものとしてくれます。

そしてまた、人生の節目を祝う「通過儀礼」や「冠婚葬祭」のしきたりも。新しく宿った命の無事を願い、誕生した子の健《すこ》やかなることを祈り、七五三で成長を感謝し、成人を祝い、結婚の儀式を行なう。

しきたりが前々からそのようにしてきたならわし、慣例であるならばそれはれっきとした日本の文化です。

その中でも本書では、「運気を上げる」こともキーワードとしたしきたりの数々を集めてみました。皆さんの暮らしに彩りを添えてくれる、少しピリッとしたスパイスとなることを願って。

Contents

第二章

運気を上げる『夏』のしきたり

第三章

運気を上げる『秋』のしきたり

第四章
運気を上げる『冬』のしきたり

第五章
運気を上げる『人生』のしきたり

序章

しきたりを知る

はるか昔から受継がれてきた
たくさんのしきたり。
普段、意識することはなくても
年中行事や冠婚葬祭など、
日々の生活の中でしきたりと
ともに暮らしています。

Prologue

其の一

人生は「しきたり」に満ちている！

季節ごとの年中行事や人生の節目の通過儀礼もすべてしきたりです。

そもそも「しきたり」ってなに？

しきたりという言葉を調べてみると「**前々からそのようにしてきたこと。** ならわし。慣例」とあります。たとえばお正月におせち料理やお雑煮をたべたり、初詣に行ったり、節分には豆まきをしたりといった年中行事は、まさに前々からそのようにしてきたことであり、ならわし、慣例です。また、子どもの成長を祝う節句や七五三、人生の節目を祝う成人式や結婚式、長寿のお祝いや不幸があったときのお葬式などの通過儀礼、亡くなった人を供養するお彼岸やお盆も同じように、昔から行なわれてきたしきたりです。

これらのしきたりのそもそもは、神様や仏様を敬い感謝し、家内安全や無病息災、立身出世や幸運への祈りを行事として行なってきたことに由来します。そしてそれを伝えることで、互いの心を結ぶ絆としてきました。また、農耕民族であった日本人は、季節の変化とともに農作業を行なってきました。日本人の季節感と密接に結びつく**季節を表す暦《こよみ》もまた、しきたりの重要なキーワードとなります。**

月と太陽の動きから生まれた「暦」

　現在、日本を含む世界で使われている暦は、太陽をもとにした**太陽暦**（グレゴリオ暦）ですが、これは1年365日を原則としています。それ以前の日本では、中国から飛鳥時代に伝わった暦をもとに、日本の季節の変化に合うように改良されながら1500年近くもの長期に渡って用いられてきました。この暦は人々の暮らしの中で行なわれた年中行事など、今も続くしきたりの背景になっていきます。

　この古い暦は「**旧暦**」と呼ばれ、現在の暦は「**新暦**」と呼ばれます。旧暦は月（太陰）と太陽をもとに作られた「**太陰太陽暦**《たいいんたいようれき》」と呼ばれるものです。また、これ以前には月の満ち欠けを基準にした「**太陰暦**」という暦法もありました。

太陰暦

月の満ち欠けが基準。新月に始まり、新月に終わる「朔望月《さくぼうげつ》」が用いられ、一朔望月は現行の太陽暦では約29日半にあたる。12朔望月で1年とし、太陽暦の1年に比べ11ないし12日短くなる。つまり十五夜《じゅうごや》×2で1ヶ月というわけ。そのため徐々に年始が早まるといった短所がある

太陰太陽暦

太陰太陽暦は太陰暦を基本に、その短所を改善。日本でも太陽暦に移行するまで使われていた暦で、これを「旧暦」という。太陰暦の季節のズレを2~3年ごとに13ヶ月の年を作って解消し、中でも19年に7回閏月《うるうつき》を入れる「メトン法」の精度が高かった

太陽暦

太陽の運行を基準とし、現在、世界のほとんどの国で使われている標準暦で「グレゴリオ暦」ともいう。約300年に1日の誤差が生じるだけという正確さ

ちなみにグレゴリオ暦には、明治6（1873）年に切り替えられました

日本の四季を無視!?　旧暦での季節

農耕民族であった日本人は、四季の移り変わりを敏感に感じ取り、農作業の目安としてきました。季節を正確に知ることは、たとえば「種まきに最適な時期はもうそろそろ?」など、農事をするうえでの情報を得るためには必要なことでした。しかし、旧暦（太陰太陽暦）の暦と日本の季節にはズレがありました。旧暦での季節の区切りがこれです。

春 → 2月4日頃〜5月5日頃
夏 → 5月6日頃〜8月7日頃
秋 → 8月8日頃〜11月7日頃
冬 → 11月8日頃〜2月3日頃

これを目安に稲作はできませんよね。そこで暦とは別に作られたのが二十四節気《にじゅうしせっき》です。

農作業にそった季節の目安「二十四節気」

日本の四季にあって少々生活の営みにズレのあった旧暦の中で、季節の移り変わりを知るための目安として二十四節気が作られました。

地球から見た太陽の移動の道を「黄道《こうどう》」といいますが、これを24分割した基準点を太陽が通過する24の日時に、季節に合わせた名前がつけられたものです。昼夜の長さが等しくなる春分と秋分、昼が最も長くなる夏至と短くなる冬至なども二十四節気です。

しかしこれも本来、中国の黄河下中流を基準に作られたもののため、やはりまだ日本の季節とのズレは否めません。**それでも季節を知る目安にはなることから日本でも定着しました。**そしてこれをさらに3等分し、**1年を72等分して名前をつけた「七十二候」という区切りもあり、これも中国から伝わってきています。**

二十四節気

※新暦の日付は目安
※旧暦月の「節」は季節を決める指標、「中」はその月が何月かを決める指標です

季節	二十四節気	新暦の日付	旧暦月
初春	立春《りっしゅん》	2月4日頃	1月節
	雨水《うすい》	2月19日頃	1月中
仲春	啓蟄《けいちつ》	3月6日頃	2月節
	春分《しゅんぶん》	3月21日頃	2月中
晩春	清明《せいめい》	4月5日頃	3月節
	穀雨《こくう》	4月20日頃	3月中
初夏	立夏《りっか》	5月6日頃	4月節
	小満《しょうまん》	5月21日頃	4月中
仲夏	芒種《ぼうしゅ》	6月6日頃	5月節
	夏至《げし》	6月21日頃	5月中
晩夏	小暑《しょうしょ》	7月7日頃	6月節
	大暑《たいしょ》	7月23日頃	6月中
初秋	立秋《りっしゅう》	8月8日頃	7月節
	処暑《しょしょ》	8月23日頃	7月中
仲秋	白露《はくろ》	9月8日頃	8月節
	秋分《しゅうぶん》	9月23日頃	8月中
晩秋	寒露《かんろ》	10月8日頃	9月節
	霜降《そうこう》	10月23日頃	9月中
初冬	立冬《りっとう》	11月8日頃	10月節
	小雪《しょうせつ》	11月23日頃	10月中
仲冬	大雪《たいせつ》	12月7日頃	11月節
	冬至《とうじ》	12月22日頃	11月中
晩冬	小寒《しょうかん》	1月6日頃	12月節
	大寒《だいかん》	1月20日頃	12月中

日本独自の暦日「雑節《ざっせつ》」(73ページ)

季節を知る目安として作られ、日本でも取り入れられた二十四節気。しかし中国で生まれたため、ピッタリくるものではありませんでした。そこで、日本独自に作られたのが「雑節」です。日本の四季と気候にきめ細やかに合わせ、暮らしや農事の目安としました。

暦や縁起のルーツ「陰陽五行説《いんようごぎょうせつ》」

中国の古代哲学のひとつであり、十二支と結びついて暦や占いなどにも影響を与えた陰陽説と五行《ごぎょう》説を合わせた「陰陽五行説」。

この世のすべてのものは相反《あいはん》する「陰」と「陽」の2つの気で成り立つと考える陰陽説。

対する五行説は、万物は「木《もっ》・火《か》・土《ど》・金《ごん》・水《すい》」の5元素からなるという思想で、それぞれの元素が消長を繰り返します。

四季の変化に関することを根本に、地上へ到達する太陽の熱と光は1年を単位に増減し、春夏秋冬の四季が生まれます。陰陽五行説はこの変化の仕組みを説明する考え方です。

のちに日本に伝わり、陰陽五行思想を実践する陰陽道《おんみょうどう》が大流行しました。陰陽道を司る陰《おん》陽師《みょうじ》によって陰陽道が朝廷や幕府の祭事や行事に組み込まれ基本原型となりました。

■陰陽道

政治や道徳、日常生活に至るまであらゆる2つの相反《あいはん》する事象をひと組でとらえます。季節でいえば秋と冬が陰、春と夏が陽です。夏至に陽の気が最大となった以降は徐々に陰の気が強くなっていき、陽の気は徐々に衰えていきます。逆に陰の気が冬至に最大となります。相反《そうはん》は敵対ではなく、消長の繰り返しで自然界の秩序が保たれているという思想です。

陰陽の持つ特性

テーマ	陰	陽
天体	月	太陽
光闇	闇	光
昼夜	夜	昼
性別	女	男
兄弟	弟	兄
静動	静	動
数字	偶数	奇数
数学	負(−)	正(+)
天気	雨	晴
季節	秋と冬	春と夏
方角	北と西	南と東

■五行説

中国古来の世界観で、五行説では5つの元素で物事をとらえますが、五行説の「行」はそのまま「めぐる」「運行」という意味です。ここでは木・火・土・金・水の惑星がめぐりますが、恒星とは異なる5つのこれら惑星の複雑な運行は神秘的で、古代中国の人々はこの世の事象と関係があるものと考えました。

自然も人間も社会も、木・火・土・金・水の5つの元素の一定の循環法則に従って変化するという考えです。

さまざまなものが五行の性質にあたると考えられ、下記の表に示すような特性があるとされています。**木が土となり、土から水が発生するという破壊のサイクル（相克《そうこく》）**と、**木が燃えて火となり、やがて土となるという創造のサイクル（相生《そうせい》）から成立します**。これが陰陽説と結びつけられ、陰陽五行説となりました。

五行の相生と相克

木・火・土・金・水の順で五気が互いに順応していくことを「相生」（図の赤線）、逆に木・火・土・金・水の順で相手を攻撃しあうことを「相克」（図の黒線）といいます。

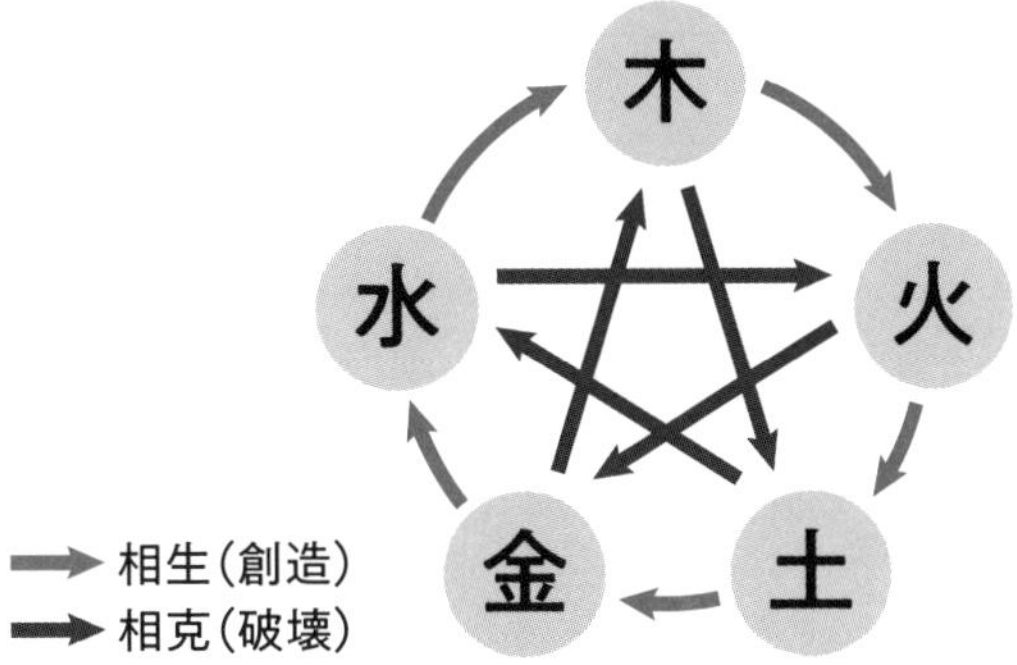

五行の特性

テーマ	木	火	土	金	水
色	青	紅	黄	白	黒
天体	木星	火星	土星	金星	水星
季節	春	夏	土用	秋	冬
方角	東	南	中央	西	北
五節句	人日	上巳	端午	七夕	重陽
五指	薬指	中指	人差し指	親指	小指
五感	視覚	聴覚	嗅覚	味覚	触覚
感情	喜	楽	怨	怒	哀
気候	風	熱	湿	燥	寒
味覚	酸	苦	甘	辛	鹹（塩辛い）

日や月、時間、方位も表す 十干十二支《じっかんじゅうにし》

年末になると注目される干支《えと》。実はこの表現は誤りで、正しくは「注目される十二支《じゅうにし》」。それは本来、**干支は十干《じっかん》と十二支を組み合わせたものだからです**。子《し》（ね）、丑《ちゅう》（うし）、寅《いん》（とら）、卯《ぼう》（う）、辰《しん》（たつ）、巳《し》（み）、午《ご》（うま）、未《び》（ひつじ）、申《しん》（さる）、酉《ゆう》（とり）、戌《じゅつ》（いぬ）、亥《がい》（い）が十二支で、年回りを表します。甲《こう》、乙《おつ》、丙《へい》、丁《てい》、戊《ぼ》、己《き》、庚《こう》、辛《しん》、壬《じん》、癸《き》が十干で、日を数える数詞でした。**十干は10年で、十二支は12年でひと回りします。この2つを組み合わせたものが十干十二支で、60通りの組み合わせがあります。**

日本には飛鳥時代に伝わり、歴史に名を残す「壬申《じんしん》の乱」や「戊辰《ぼしん》戦争」などは、それが起きた年の干支から名付けられました。また、**方角や時間も十二支で表されました。午後11時～午前1時の2時間を子《ね》の刻として2時間ごとに十二支をあてはめます。**これを前後半の2つに分け、「初刻《しょこく》」「正刻《しょうこく》」と呼びました。現在の午前・午後は、昼の12時を午《うま》の刻《こく》といったことが由縁です。ちなみに怪談の定番フレーズ「草木も眠る丑三《うしみ》つ時《どき》」は、午前2時～2時半頃のことです。

一時《いっとき》は約2時間。それを「一《ひと》つ」「二《ふた》つ」「三《み》つ」「四《よ》つ」の4つに分けていました。「丑三つ時」は丑の三つ目の時間のこと。朝と夜の六《む》つが日の出と日の入りの頃です。

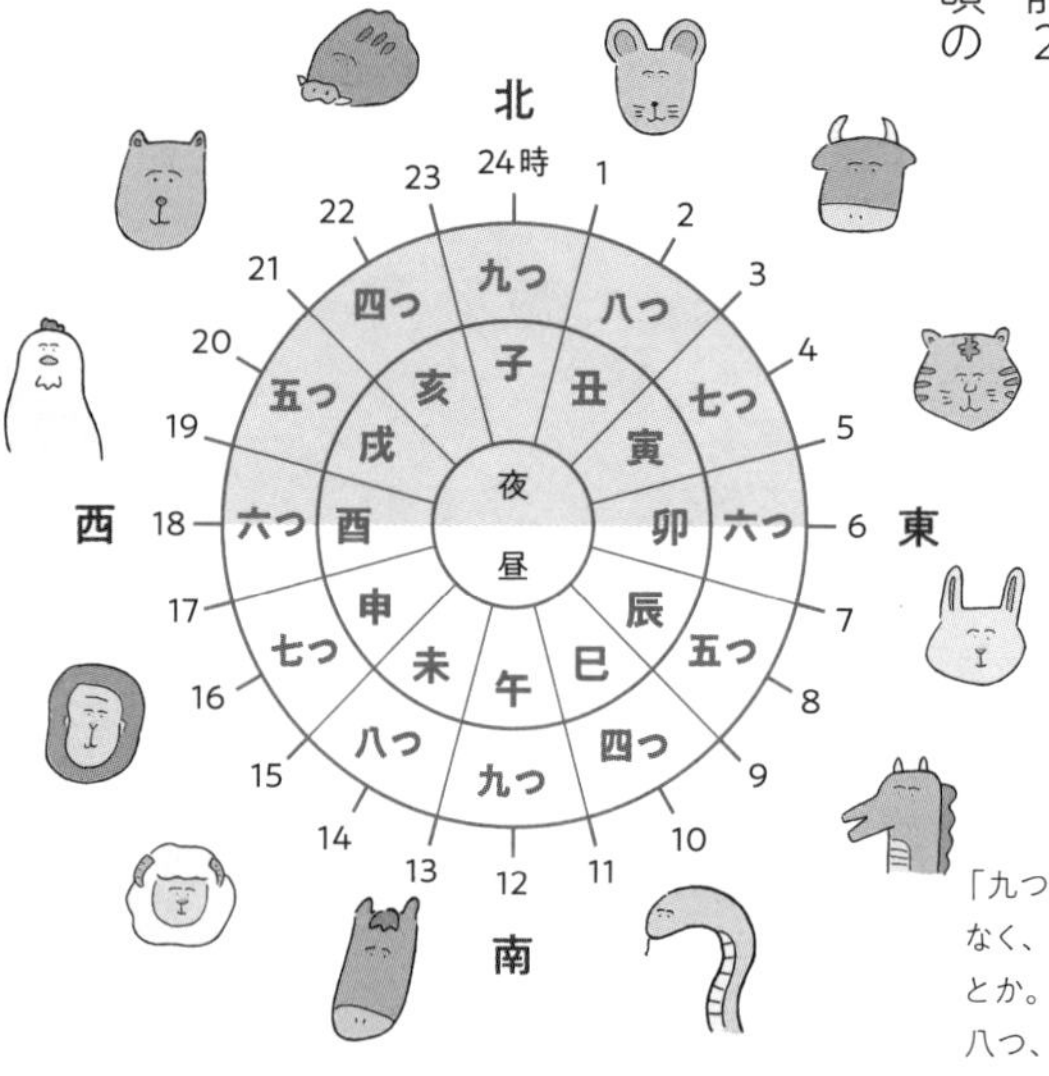

「九つ」から数が減る謎。実際は減るのではなく、陽数9の倍数の1の位を示しているのだとか。つまり9×1＝9で九つ、9×2＝18で八つ、9×3＝27で七つ、9×4＝36で六つ、9×5＝45で五つ、9×6＝54で四つです。

六十干

ちなみに、2020年の干支は「庚子（かのえね）」（十二支は子）。
再び同じ干支がめぐってくるのは60年後の2080年となります。

1	2	3	4	5	6
きのえね	きのとうし	ひのえとら	ひのとう	つちのえたつ	つちのとみ
甲子	乙丑	丙寅	丁卯	戊辰	己巳
こうし（かっし）	いっちゅう	へいいん	ていぼう	ぼしん	きし
7	8	9	10	11	12
かのえうま	かのとひつじ	みずのえさる	みずのととり	きのえいぬ	きのとい
庚午	辛未	壬申	癸酉	甲戌	乙亥
こうご	しんび	じんしん	きゆう	こうじゅつ	いつがい
13	14	15	16	17	18
ひのえね	ひのとうし	つちのえとら	つちのとう	かのえたつ	かのとみ
丙子	丁丑	戊寅	己卯	庚辰	辛巳
へいし	ていちゅう	ぼいん	きほう	こうしん	しんし
19	20	21	22	23	24
みずのえうま	みずのとひつじ	きのえさる	きのととり	ひのえいぬ	ひのとい
壬午	癸未	甲申	乙酉	丙戌	丁亥
じんご	きび	こうしん	いつゆう	へいじゅう	ていがい
25	26	27	28	29	30
つちのえね	つちのとうし	かのえとら	かのとう	みずのえたつ	みずのとみ
戊子	己丑	庚寅	辛卯	壬辰	癸巳
ぼし	きちゅう	こういん	しんぼう	じんしん	きし
31	32	33	34	35	36
きのえうま	きのとひつじ	ひのえさる	ひのととり	つちのえいぬ	つちのとい
甲午	乙未	丙申	丁酉	戊戌	己亥
こうご	いつび	へいしん	ていゆう	ぼじゅつ	きがい
37	38	39	40	41	42
かのえね	かのとうし	みずのえとら	みずのとう	きのえたつ	きのとみ
庚子	辛丑	壬寅	癸卯	甲辰	乙巳
こうし	しんちゅう	じんいん	きぼう	こうしん	いつし
43	44	45	46	47	48
ひのえうま	ひのとひつじ	つちのえさる	つちのととり	かのえいぬ	かのとい
丙午	丁未	戊申	己酉	庚戌	辛亥
へいご	ていび	ぼしん	きゆう	こうじゅつ	しんがい
49	50	51	52	53	54
みずのえね	みずのとうし	きのえとら	きのとう	ひのえたつ	ひのとみ
壬子	癸丑	甲寅	乙卯	丙辰	丁巳
じんし	きちゅう	こういん	いつぼう	へいしん	ていし
55	56	57	58	59	60
つちのえうま	つちのとひつじ	かのえさる	かのととり	みずのえいぬ	みずのとい
戊午	己未	庚申	辛酉	壬戌	癸亥
ぼご	きび	こうしん	しんゆう	じんじゅつ	きがい

Prologue

其の二

神様・仏様としきたりの関係

すべてのしきたりに
神様・仏様の存在があると
いえるほど密接な関係!?

農耕と自然が生んだ自然信仰としきたり

豊かな自然と、美しい四季を持つ日本。太古から稲作を中心とした農耕民族であったこの国の人々は、その自然そのものの中に人知を越えた神様が宿ると考えていました。人の力ではどうすることもできない自然が起こす恵みや災害に対し、神として崇《あが》め祈ることで豊かな実りがもたらされ、そして感謝することで次の実りが再び豊かであることを信じたのです。人々の営みが繰り返されるように、こうした祈りや感謝も日々の暮らしの中で繰り返され、受け継がれていくようになったのです。

しきたりの中にいる神様と仏様

中国から仏教が伝えられると、人々の生活に次第に仏教が浸透していきました。理論化された仏教が、経典を通して説得力を持って人々に理解されたからです。しかし、日本古来の神祇《じんぎ》信仰《しんこう》を否定したわけではなく、両者がうまく融合したのです。たとえば死の穢《けが》れを嫌う神社では生に関すること、弔《とむら》い、ご先祖様の供養《くよう》など死に関することは仏教が担《にな》うようになったなど。安産やお宮参りなどの厄払いや、豊作などの祈りは神様が担当（神事）、お盆やお彼岸などの供養（仏事）は仏様が担当といった次第です。

日本の神様と仏様

生活の神様

農耕の神、漁業の神、商業の神など

仏様

如来、菩薩、明王など

自然の神様

日神、月神、風神など

※ほかに「人神（じんしん）」も神の種類としてあげる場合も

おもな神事と仏事

神事	
1月1日	歳旦祭《さいたんさい》
2月3日頃	節分祭《せつぶんさい》
2月17日頃	祈年祭《きねんさい》
6月と12月末日	おお祓《はら》え
10月17日	神嘗祭《かんなめさい》
11月23日	新嘗祭《にいなめさい》

仏事	
1月	修正会《しゅしょうえ》
2月	修二会《しゅうにえ》
2月	涅槃会《ねはんえ》
3月	彼岸会《ひがんえ》
4月	灌仏会《かんぶつえ》
8月	お盆《ぼん》
9月	彼岸会《ひがんえ》
12月	成道会《じょうどうえ》

神祇信仰が神道《しんとう》に整えられた古代中期から中世以降、時代の変化の中で仏教と神道が盛衰《せいすい》を繰り返しながら両者は密接に結びつきます。お寺の中に神社が、神社の敷地にお寺が建てられたりなどといったことも起こりました。そしてしきたりもまた、その時々に応じて変わってきました。今日《こんにち》の形に比較的近くなったのは、江戸時代中期～後期にかけての頃といわれています。

現在行なわれているしきたりの、ほぼすべてのしきたりが神様や仏様に由縁するといっても過言ではありません。お正月には歳神様をお迎えし、節分では福の神を呼び込み、お彼岸やお盆でご先祖様を弔い感謝する。これらの年中行事も、人生の節目を祝い、健康長寿や幸運などを祈る七五三や結婚式などの通過儀礼も、神様や仏様の存在なくしてはありえません。このように、人々が古くから守り受け継いできたしきたりの中にはいつも、神様・仏様がいるのです。

神様と仏様のユニット「七福神」

さて、江戸時代に人気に火がついた神様と仏様のユニット「七福神」。いまもおなじみの神様ですが、国も宗教も違う神様・仏様で結成されているということをご存知でしょうか。そのため、祀《まつ》られる場所も神社だったりお寺だったりさまざま。特に人気なのは、日本古来の神様で鯛を持った漁業と商売にご利益があるとされている恵比寿。それからインドの川の女神で紅一点の弁財天。学問、芸能、商売にご利益を授けてくれるとされます。

このユニークな七福神は、自然のありとあらゆるものに神が宿る八百万《やおよろず》の神がいて、古来の神様に、外国から渡ってきた仏様までも受け入れる日本ならではの柔軟さの表れなのではないでしょうか。しきたりもまた、フレキシブルに変化しながら受け継がれています。

七福神

毘沙門天《びしゃもんてん》

インドの財宝神クーベラ神で、仏法を守る四天王の1人「多聞天《たもんてん》」の別名も。勝負事の神様で、武器で厄払いをする軍神

福禄寿《ふくろくじゅ》

古代中国の道教の神で、幸福（福）、財産（禄）、長寿（寿）をかなえてくれる神様です

布袋尊《ほていそん》

唐の時代の高名な中国禅僧ながら小柄で太鼓腹、いつも大きな布袋を担いで放浪していたため、その名がつきました。家庭円満、福徳の神様

寿老人《じゅろうじん》

道教の神で南極星の化身の南極老人とされています。幸福の神様で、健康、子宝を授ける神様です。従える鹿も長寿の象徴

恵比寿《えびす》

イザナギノミコトの第3子といわれる七福神の中では唯一の日本の神様。商売繁盛、豊漁・豊作の神様として親しまれています

弁財天《べんざいてん》

ヒンドゥー教の女神であるサラスヴァティーで、古代インドでは河川の神、豊穣の神として最も崇拝され、仏教にもいちはやく登場。音楽や学問、財福の神様

大黒天《だいこくてん》

ヒンドゥー教のシヴァ神の化身である摩訶迦羅天《マハーカーラ》。台所の神様で、黒豆を大黒というのは「黒くなって、まめ（魔滅）に働く」にちなみます

Prologue 其の三

ハレとケとしきたり

暮らしにメリハリ！特別な日を表す「ハレ」と普通の日を表す「ケ」。

日本人の生活に根付く「ハレ」と「ケ」

祭りや年中行事、冠婚葬祭などの非日常を「ハレ（晴）の日」、それ以外の日常を「ケ（褻）の日」といいました。ハレの日には、食べものや着るものも普段とは違う特別なものにし、メリハリがつけられました。お正月や成人式に着る着物のことを「晴れ着」というのはこのためです。祝いの席に欠かせないお赤飯や尾頭《おかしら》付きの魚、お酒などもハレの料理です。さらに場所としてのハレの空間には神社や寺院などの固定された空間のほか、たとえば花見などで紅白幕を張れば、そこはたちまちハレの空間となります。

五節句	人日の節句	人日の節句は1月7日の七草がゆの日。上巳の節供は3月3日のひなまつり。五節句はハレの日にあたる	p98
	上巳の節句		p30
	端午の節句		p42
	七夕の節句		p54
	重陽の節句		p68
	お盆	先祖供養	p60
通過儀礼	お宮参り	人生の節目となる通過儀礼はハレの日にあたる。ただし弔いを行なう「お葬式」については本来はハレの日にあたるが、やがて議論の分かれることになった	p109
	七五三		p78・112
	入学式・卒業式		p112・113
	成人式		p113
	結婚式		p115
	長寿のお祝い		p116
	お葬式		p118

「ハレ」の使われ方

●結婚式などに招待されたときのあいさつなど

「晴れの席にお招きいただき、ありがとうございます」

●成人式など人生の節目で

「晴れの日を迎えるみなさま、おめでとうございます」

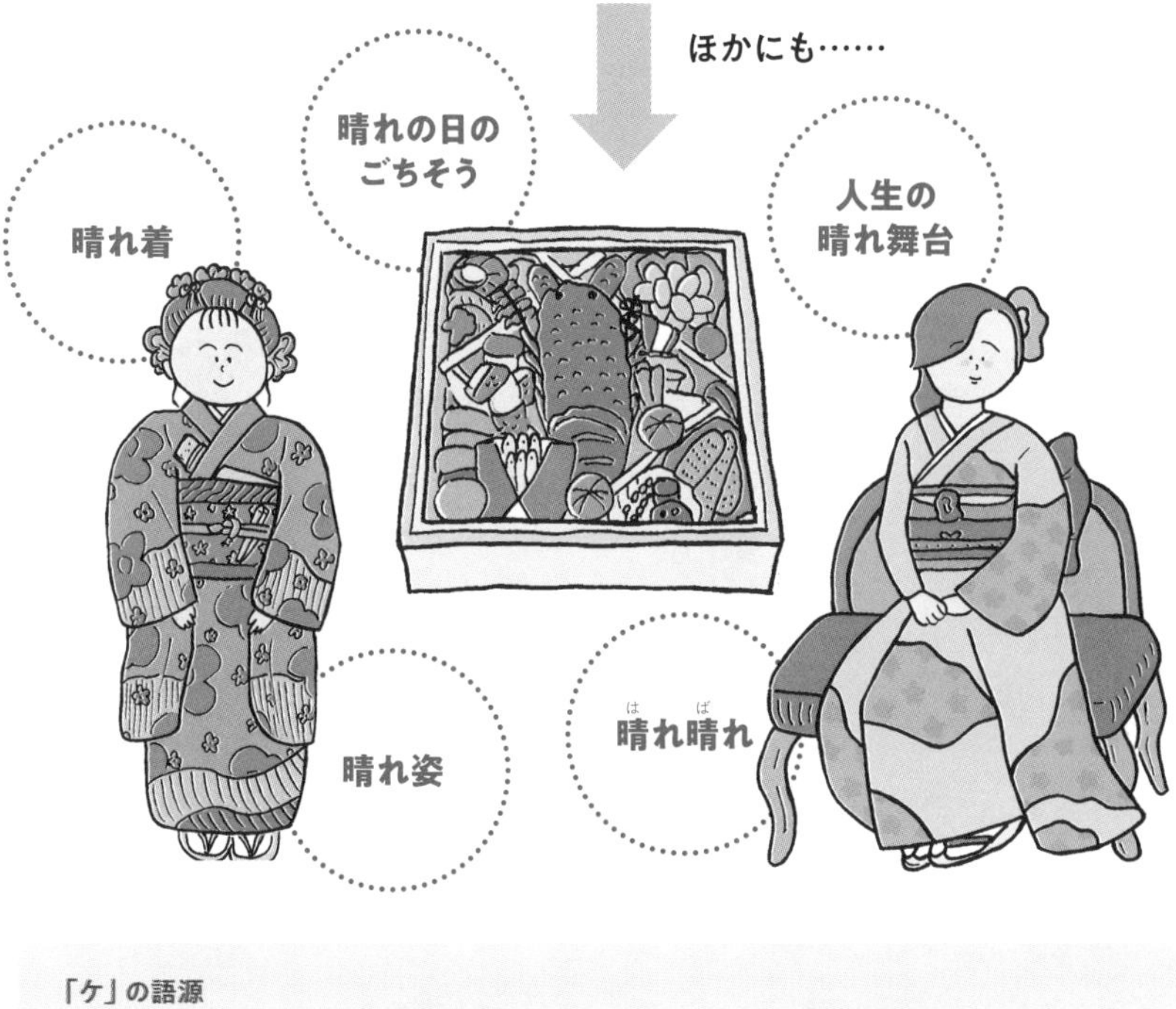
ほかにも……
晴れの日のごちそう
晴れ着
人生の晴れ舞台
晴《は》れ晴《ば》れ
晴れ姿

「ケ」の語源

ケ（褻）とは「普段着の肌着」を意味する言葉で、明治までは普段に着る服を「褻（け）着（ぎ）」といいました。また、病気やケガなどでケの生活がうまくいかなくなることをケが枯れる「ケガレ（気枯れ）」（22ページ）といいました。

ケが枯れる!?「気枯《けが》れ」を祓《はら》う行事

普段の日常生活を「ケの日」と呼び、ぜいたくや遊びをつつしみ、農作業などの仕事に励みますが、病気やケガなどで「ケ」の生活に問題が生じることを「気枯れ」といいました。このケガレを取り除く方法にお祓いがあり、ケガレを祓うことで「ハレ」になると考えられていました。また、神社を参拝することでもケガレを落とし、身を清められるとされていました。

　現在では女の子の節句としてのひなまつりのお祝いも、かつてはケガレを祓う行事がルーツといわれます（30ページ）。自分の身代わりの人形《ひとがた》にケガレを移して川に流すことで、祓えとしていました。これが流しびなの起源といわれています。6月と12月には、人の身体に積もった災厄やケガレを茅の輪《ちわ》をくぐり、ケガレを祓う「大祓《おおはら》え」の行事が行なわれます（50ページ）。

「気枯れ」を祓って「ハレ」にする

茅の輪くぐり

半年間にたまった不浄を茅《ちがや》の輪をくぐって取り除きます。年に2回、6月30日に「夏越《なごし》の祓《はらえ》」（50ページ）、12月31日に「年越しの祓え」が行なわれます。

流しびな

3月3日は「上巳《じょうし》の節句」と呼ばれる五節句のひとつで、災いやケガレを祓《はら》う禊《みそぎ》の風習がありました。自分の身代わりの人形にケガレや災いを移し、川や海に流しました。

人生の「気枯れ」を祓う厄年《やく》

厄年とは、数え年で男性の25歳、42歳、61歳、女性の19歳、33歳、37歳になる1年間のことで、その前後の1年間を「前厄《まえやく》」「後厄《あとやく》」としてそれぞれ注意が必要な時期としています。なかでも男性の42歳、女性の33歳を「死に」「さんざん」という語呂《ごろ》合わせから「大厄《たいやく》」と呼び、特に注意する年齢といわれています。

災厄が起こりやすく縁起のよくない年齢とされる厄年ですが、もともとは陰陽道の考えとして中国から伝わり、貴族や武士の間で広まりました。それが江戸時代以降に庶民の間にも広まっていったといわれます。厄年には神社やお寺で厄除け祈願やお祓いをしてもらう風習は、現在でも行なわれています。ちなみに厄を除くために祈願することを神社では「厄払い」、お寺では「厄除け」と呼ばれています。

厄年一覧

※年齢は数え年

男性		
前厄	本厄	後厄
24歳	25歳	26歳
41歳	42歳	43歳
60歳	61歳	62歳

女性		
前厄	本厄	後厄
18歳	19歳	20歳
32歳	33歳	34歳
36歳	37歳	38歳

厄払い・厄除けの祈祷《きとう》

厄年の祈祷は立春（2月4日頃）までに済ませるとよいとされています。

※時期は地域により異なる場合もあります

Prologue 其の四

いくらでもかついじゃう!? 縁起《えんぎ》のしきたり

「縁起がいい」「縁起をかつぐ」「縁起が悪い」「縁起でもない」縁起って意外と気になります。

吉凶の前兆!? 縁起の本当の意味とは

朝、お茶を淹《い》れて茶柱がたったら「おっ、今日は朝から縁起がいいな」となり、玄関を出るときにつまずいたら「なんだか縁起が悪いなぁ」と思うことがあるかもしれません。また、試合の前には必ずトンカツを食べて「勝つ」の縁起をかつぐなど、縁起はかつぐこともできるのです。では、この「縁起」とはなんでしょうか。

縁起はもともと仏教から生まれた言葉です。そのもとは「因縁生起《いんねんしょうき》」という考えからで「縁《よ》って起こる」、つまりこの世のあらゆるものごとには原因（因）と結果（起）があり、何らかの力（縁）によって存在するということ。縁起の法は「これがあるとき、かれがあり、これが生じるとき、かれが生じる、これがないとき、かれがない、これが滅するとき、かれが滅する」と表し、すべて因果関係があり、それ自体では成り立たない「空《くう》」という存在とみなします。

しかし、現在私たちが普段使っている「縁起」という言葉は、これとは違った意味を持っています。冒頭で述べた通り、どちらかといえば吉凶の前兆として使われることがほとんどです。縁起よくありたい、よい縁起を身近に置きたいということから、縁起を招くためのアイテムであるさまざまな「縁起物」も古くから人々に愛されています。

代表的な縁起物いろいろ

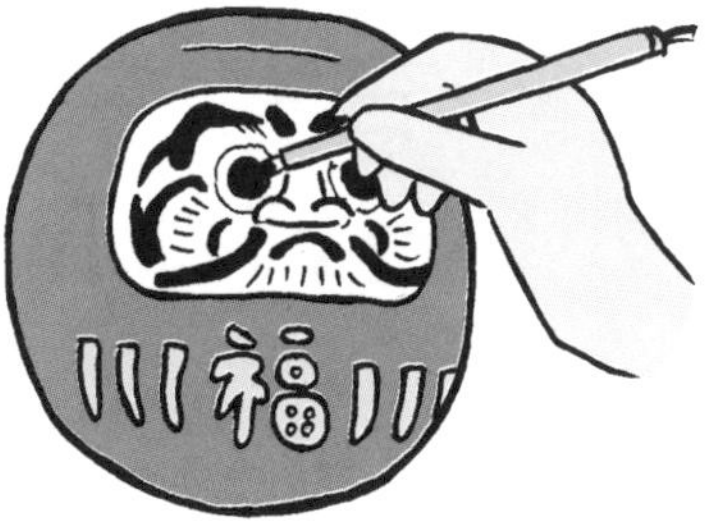

達磨《だるま》

「七転び八起き」から。家庭円満、商売繁盛、必勝などを願うもので、眉は鶴、ひげは亀の形を表しています。自分で目を描き入れるものは「縁起だるま」と呼ばれ、願いを込めて左目を描き入れ、願いが成就したら右目も描き入れます。

絵馬《えま》

運をいただき幸運を願う「祈願」から。馬の絵がある板に願い事と名前を書いて寺社に奉納します。神様の乗り物である神馬（しんめ、じんめ）の奉納に代えて、板に描いた絵で奉納するようになったものです。

右手を上げる
↓
金運UP

左手を上げる
↓
人を招く

招《まね》き猫《ねこ》

お客様や金運を「招く」ことから。右手を上げている猫は「金運」、左手を上げている猫は「人を招く」とされます。また、招き猫の上げている手の長さが耳を超えているものを「長手」と呼び、長ければ長いほど遠くの福、大きな福を招くとされています。

縁起熊手《くまで》

商売繁盛・幸運・金運を「かき集める」ことから。熊手に千両箱やおかめ、鶴亀といったおめでたい飾りがついているもので、11月の酉《とり》の市《いち》（76ページ）では、福をとり（酉）寄せるという縁起をかついで市がにぎわいます。

Column 01

八百万《やおよろず》の神の国・日本
家の中にも神様がいっぱい！

大昔から日本には、たくさんの神様がいると考えられてきました。山の神様、海の神様をはじめとする自然に宿る神様。稲や田、またそれらを耕す道具に宿る神様。言葉にまで言霊《ことだま》といわれる神様が宿ります。

暮らしの中で行なわれてきたしきたりの中にいつも神様がいる（16ページ）ように、日常の中でも神様がいつも私たちに寄り添っています。

●家の中を守る神様たち

日本の神様は実は万能ではなく、それぞれに得意分野を持っています。そうした神様たちが持ちつ持たれつ、協力し合いながらお守りしてくれると考えられています。以下は、家の中にいる代表的な神様です。

かまどの神様	かつての家には必ずあった煮炊きのためのかまど。家族全体の守り神として大切にお祀りされていました
火の神様	「火之迦具土神（ひのかぐつちのかみ）」もしくは「荒神（こうじん）さん」とも呼ばれます
お風呂の神様	「天之水分神（あめのみくまりのかみ）」と呼ばれます。水の神様として水まわりに水天宮や弁財天が祀られることもあります
厠（かわや）の神様	トイレの神様は「烏枢沙摩明王（うすさまみょうおう）」と呼ばれます。命を生む神様で、妊婦がトイレをきれいに掃除するとよい子が産まれるとも
納戸の神様	農家では春にまく種籾（たねもみ）などを置く大切な場所でした。穀物には神様が宿るとされていたことから納戸も大切にお祀りしていました
井戸の神様	井戸に祀られるのは水の神様で、「龍神様」とも呼ばれます。使われなくなった井戸を埋めるときは神主さんにお祓いをしてもらい、神様の恩恵に感謝する祈祷（きとう）を行ないます
屋敷神（やしきがみ）	家の敷地に小さな祠（ほこら）で土地の神様の「土地神（どじしん、どじがみ）」を祀りました。また、お稲荷さんも屋敷神です
門口（かどぐち）の神様	家の敷地の入り口を守る神様で、外から邪気が入らぬよう守っていました。「天石門別神（あまのいわとわけのかみ）」とも

第一章
運気を上げる『春』のしきたり

ひなまつりや春のお彼岸、
花見に八十八夜、端午の節句。
3～5月に親しまれる
数ある年中行事の中から、
運気アップにつながる
「春」のしきたりを紹介します。

Spring Tradition

3月~5月

春のしきたりカレンダー

古くから「暑さ寒さも彼岸まで」といわれる通り、3月に入るといよいよ春本番を迎えます。ここでは3~5月にかけての運気を上げるしきたりを紹介していきます。しきたりの秘められたパワーをしっかりチャージして、新しい年度のスタートです！

※雑節・二十四節気の日付、期間は年によって異なります。ここでは目安を記します

3月 ー弥生(やよい)ー

弥生とは「草木弥生月(くさきいやおひづき)」の略。「弥」とは“ますます”という意味で、草木がますます生い茂る月を表す。季節は仲春。お彼岸中日の春分を過ぎると、季節は春から夏へと向かいます。

日	しきたり・五節句・雑節	二十四節気
1		
2		
3	ひなまつり(上巳の節句)➡P30	
4		
5		
6		啓蟄はこの頃
7		
8		
9		
10		
11		
12		
13		
14		
15		
16		
17		
18	春のお彼岸(彼岸の入り)➡P32	
19		
20	春分の日(祝日)	
21		春分はこの頃
22		
23		
24	(彼岸の明け)	
25		
26		
27		
28	お花見シーズンスタート➡P34	
29		
30		
31		

啓蟄(けいちつ)
冬ごもりから目覚めた虫が、穴から顔を出す頃のこと。「啓」は開く、「蟄」は土の中に閉じこもっていた虫(蛙や蛇)という意味

春分(しゅんぶん)
昼夜の長さがほぼ等しくなる日で、この日を境に陽が延びていきます。お彼岸の中日で前後3日間を春彼岸といいます

4月　― 卯月（うづき）―

卯の花が咲く頃を表す卯月。卯の花とはユキノシタ科の落葉低木「ウツギ」のことで、清少納言の随筆『枕草子』にも多く登場する暦の上での初夏の風物詩。季節は晩春。

日	しきたり・五節句・雑節	二十四節気
1	（上旬までお花見続く）	
2		
3		
4		
5		清明はこの頃
6		
7		
8	灌仏会➡P36	
9		
10		
11		
12		
13	十三詣り➡P38	
14		
15		
16		
17		
18		
19		
20		穀雨はこの頃
21		
22		
23		
24		
25		
26		
27		
28		
29	（昭和の日）	
30		

清明（せいめい）
清明は「清浄明潔《せいじょうめいけつ》」の略で、万物が穢れなく清らかで生き生きしているという意味。草木の花が咲き、すべてのものが華やかになる頃

穀雨（こくう）
しとしとと降る春雨が農作物を育てるという意味。この時期に農作物の種をまくとよく成長するといわれています

5月　― 皐月（さつき）―

皐月は「早苗月（さなえづき）」の略で、稲の苗を植える月という意味。立春（83ページ）から八十八日目の八十八夜は茶摘みばかりでなく、田植えにも豊作をもたらす縁起日。季節は初夏。

日	しきたり・五節句・雑節	二十四節気
1		
2	八十八夜（1～2日頃）➡P40	
3	（憲法記念日）	
4	（みどりの日）	
5	端午の節句➡P42	
6		立夏はこの頃
7		
8		
9		
10		
11		
12		
13		
14		
15		
16		
17		
18		
19		
20		
21		小満はこの頃
22		
23		
24		
25		
26		
27		
28		
29		
30		
31		

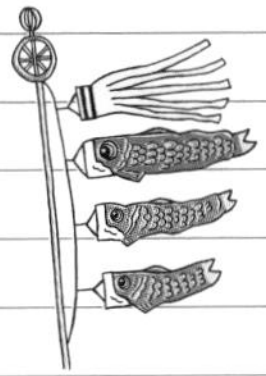

立夏（りっか）
暦の上ではこの日から立秋の前日までが夏となります。新緑が青々と萌え、さわやかな晴天が続く頃。野外遊びにもよい気候です

小満（しょうまん）
陽気がよくなり草木が育つという意味。また、秋にまいた麦が穂を結び、少し満足するという意味も。田植えの準備を始める頃

Spring Tradition

3月3日

禊《みそぎ》で女子力アップ!?

ひなまつり

優雅な女の子のお祭りも、起源はなんと厄《やく》払いだった！

女の子の健《すこ》やかな成長と幸福を願い、ひな人形を飾り、白酒や菱餅《ひしもち》、ハマグリの吸い物やちらし寿司などの縁起物の膳で祝います。

このひなまつり、**もともとは「上巳《じょうし》の節句」と呼ばれる五節句のひとつで別名「桃の節句」**。今でこそ女の子の成長や幸せを願う行事として親しまれていますが、災いや穢《けが》れを祓《はら》う禊の風習がその由来。古代中国では、「上巳」と呼ばれる旧暦の3月最初の巳《み》の日を厄日とし、水辺で身を清めて無病息災を祈りました。さらに**自分の身代わりの「人形《ひとがた》」に穢れや災いを移し、川や海に流しました**。

これが日本に伝来し、すでに平安時代には人形を川に流す風習があり、現在にも残る「流しびな」の原型となりました。これに貴族の女の子たちの人形遊び「雛遊《ひいなあそ》び」と結びついたのが、ひなまつりの起源といわれています。

きらびやかな衣装をまとった豪華絢爛《けんらん》な段飾りのひな人形が登場したのは、江戸時代になってから。ちなみに、ひなまつりが終わったらひな人形を早く片付けないと婚期が遅れるといわれるほかに、ひな人形が身代わりで引き受けてくれた厄災が戻るからという説も。**ひな人形を片付けるのは、啓蟄《けいちつ》の日がいいとされています。**啓蟄は二十四節気《にじゅうしせっき》のひとつで、毎年3月6日頃。いずれにしても、おひな様に感謝しつつ丁寧にしまうことで、片付けもバッチリできる**女子力＆運気がアップする**というわけです。

豆知識

菱餅は女性を象徴する形。3段に分かれた色は桃色が魔除けの桃の花、白が雪の清浄、緑が邪気を祓うとされるヨモギを表します。また、ひな人形には本来、災厄の身代わりとなる役割があります。そのため姉妹での共有や母親からのお下がりではなく、初節句にはそれぞれ新しいひな人形を贈るのがならわしといわれます。

ひな人形の変遷

人形をルーツとするひな人形は、長い年月をかけて現在の華やかな姿へと移り変わっていきました。江戸時代後期には、ほぼ今の形となりました。

海や川に流す　奈良時代～平安時代

「人形」

紙で作った人形に身の穢れや災いを移して川や海に流し、無病息災を祈願。『源氏物語』にも登場しています。

「流しびな」

藁《わら》で編んだ円形の台盤のさん俵に乗った男女一対のひな人形を川や海に流し、子どもの無病息災を祈願。現在もイベントとして健在。

人形を飾る　江戸時代～

「立雛《たちびな》」

おもに紙で作られたもので「紙雛」とも呼ばれます。人形《ひとかた》を立体にしたような極めてシンプルな形で、ひな人形の原型といえる人形です。

「座雛《すわりびな》」

現在の形の座った一対の内裏雛《だいりびな》が登場し、幕末の江戸では7段飾りが行なわれるように。一方、上方《かみがた》（現在の大阪）では京都御所を模した豪華な「御殿飾り」が流行しました。

関東では向かって左が男雛《おびな》、右に女雛《めびな》、関西では左が女雛、右に男雛が主流となっています

運気UP!!

- ひな人形が厄災を引き受け祓う!
- 桃の花を飾って魔除けパワー!
- ひな菓子、祝い膳で幸運をゲット!

段飾りの段数は陰陽道で吉数の奇数

段飾りに正式なルールはなく、吉数の奇数で飾りました。また、魔除けの意味を持つ緋毛《ひもう》せんという赤い布を敷いて飾られました。

Spring Tradition

3月18日頃

あの世とこの世が大接近!?

春のお彼岸《ひがん》

日本独自のしきたりで、春分の日を中日とした前後3日の7日間のこと。

「暑さ寒さも彼岸まで」という言葉があるように、春のお彼岸は春分の日をはさんだ1週間で、まさに季節の変わり目にあたります。そもそも**「彼岸」とは、インドのサンスクリット語の「パーラミター（波羅蜜多）」を訳した言葉で、仏教用語で「向こう岸」という意味**。煩悩《ぼんのう》を達してさとりの世界（彼岸）に到ることをいいます。対して、迷いながら生死に苦しむこの世（現世）のことは「此岸《しがん》」といいます。

仏教では極楽浄土のある彼岸は西方に、現世である此岸は東方にあるとされます。春分を迎え昼夜の長さが等しくなるこの時期、太陽は真東から昇り、真西に沈みます。東西の距離が最も近くなることで、太陽を通じて浄土とかかわることができると考えられ、仏事が行なわれるようになりました。

しかし、インド伝来の仏教用語が起源のこのお彼岸という慣習は、実は仏教発祥の地であるインドにも、日本に仏教を伝播《でんぱ》した中国にもない**日本独自のしきたり**です。先祖を敬い供養するお彼岸はまた、真西に沈む太陽に極楽浄土の往生を願う**「日願《ひがん》」**ともいわれます。関西などの西日本方面ではお彼岸中の朝、東方に歩いて日の出を迎える、あるいは寺に参る、午後に西方に歩いて日入りを見送る、または寺に参る**「日迎え、日送り」**という風習が残る地域もあります。そうすることで、この時期の太陽に宿るパワーをいただくのです。

豆知識

春の「ぼた餅」と秋の「おはぎ」。このふたつは見た目も味もソックリですが、春はボタンの花に、秋は萩の花になぞらえて呼ばれます。「ぼた餅」はつぶ餡《あん》で丸く大ぶりに、「おはぎ」はこし餡で小ぶりに細長く作るならわしがあります。赤い小豆には魔除けの力があるとされ、邪気を祓うという意味合いも。

お彼岸と春分

極楽のある彼岸は西、此岸は東にあるといわれます。仏教の中道という教えにちなんで、太陽が真東から昇り、真西に沈む春分はあの世とこの世がもっとも通じやすい日といわれています。

彼岸と此岸

仏教の教えでは西方に阿弥陀仏の極楽浄土があるとされ、彼岸とは向こう岸＝煩悩を脱して涅槃《ねはん》（究極の安らぎ）の境地に達することを指します。一方、煩悩の川（三途の川）をはさんだ対岸が此岸（現世）です。

春分

黄道上の春分点を通過した太陽が真東から昇り真西に沈み、昼夜がほぼ等しい長さとなります。昭和23（1948）年に国民の休日に制定（3月20日か21日）。二十四節気のひとつ。

運気UP!!

- 「日願」で西方浄土への往生を願う
- ご先祖供養で家族の幸せを願う
- ぼた餅を食べて災厄を祓う！

Spring Tradition

3月下旬～4月上旬

お花見

神が依《よ》る桜で運気アップ！

平安貴族も江戸庶民も満開の桜の下で宴会。今も続くお花見の風情です。

桜の開花予想から満開までが連日ニュースで報道されるほど、桜の開花はかなり重要な関心事となります。桜の開花が宣言されると今度は満開予想に続き、北上する桜前線を追います。それほど、日本人にとって特別な花である桜。

日本最古の歌集『万葉集』にも桜の美しさを詠んだ歌が納められ、奈良～平安時代には桜は人々を魅了する花だったことがうかがわれます。しかし花見が広く庶民の楽しみとなったのは、江戸時代になってから。**八代将軍・徳川吉宗が飛鳥山《あすかやま》（現在の北区）や隅田川の土手（墨田区）などに桜を植樹**し、江戸庶民たちが弁当持参で花見に出かけ宴会を楽しむようになりました。桜の代名詞である**ソメイヨシノ**や、**花見団子**が登場したのもこの頃といわれています。

一方農民たちの間では、春の農作業の前に田の神様を迎える花見が古くから行なわれていました。**春に山から降りてくる神様が田の神様となり、桜に依る**と考えられていたからです。桜の「サ」は田の神様を、「クラ」は神様の座る場所の「御座《みくら》」を意味し、桜は神様の依りしろとされました。花の咲き具合でその年の稲の豊作を占い、満開の桜に豊作を祈願しました。農民にとっての花見は、稲の実り具合に関わる大切な年中儀礼だったのです。そしてこれこそが、花見をするルーツともいわれます。

桜の季節にはぜひとも花見をしてその年の吉凶を占い、運気アップにつなげましょう！

豆知識

アマテラスオオミカミの孫で神武天皇の曾祖父ニニギノミコトが、美しくはかない命の桜の神コノハナサクヤ姫と、岩の神で永遠の命を持つが醜い姿の姉のうち、美しいコノハナサクヤ姫を選んだがために人の寿命は短くなったというお話。『古事記』にある桜にまつわる神話です。

桜の語源と3つの説

「桜」の語源には諸説ありますが、代表的なものが以下の3つ。美しいだけではなく、どこか「謎」を秘めた桜の名前の由来です。

1 「田の神（サ）」の「座（クラ）」説

冬の間は山にいた田の神様が、春に里に降りて桜の木に座すと考えられていました。農民たちは桜の木の下で宴会をして根元にお酒をまき、手折った桜の枝を庭や田の水口に立てて、木に宿る「山《やま》の神《さ》」を「田《た》の神《さ》」として降ろしたといわれています。
これを「サオリ」といいます。

2 「コノハナサクヤ姫」説

コノハナサクヤヒメの「サクヤ」が転じたという説。コノハナサクヤヒメは日本神話『古事記』や『日本書紀』などに登場する桜のように美しく、はかない命の女神。日本の山の神の総元締め・オオヤマヅミの娘とされています。

3 「咲く」の複数形「ら」をつけた説

「ら」の接尾語は通常、名詞、代名詞、形容詞につくものであって、「咲く」という動詞にはつかないのでは、という疑問もあるようです。また桜のことではなく、元来は花の密生する植物全体を指したともいわれます。

運気UP!!

- 神の依る桜にパワーをもらう！
- 神の木を愛でて災厄を祓う！
- 満開の桜は豊作のシルシ！

関東は「長命寺」、関西は「道明寺」

長命寺は小麦粉を薄く焼いた皮で餡を巻いた関東の桜餅。道明寺は、もち米を荒めに砕いた道明寺粉で作った餅で餡を包んだ関西の桜餅。どちらも塩漬けの桜の葉で包まれています。

Spring Tradition

4月8日

灌仏会《かんぶつえ》

お釈迦《しゃか》様の甘茶《あまちゃ》で健康運アップ！

別名「花祭り」とも呼ばれる
お釈迦様の誕生日。
お釈迦様に運気をいただく！

4月8日は仏教の開祖であるお釈迦様がお生まれになった日とされ、各寺院では「灌仏会」「浴《よく》仏会《ぶつえ》」または「仏生会《ぶっしょうえ》」と呼ばれる行事が行なわれます。一般にはお寺の「花祭り」として親しまれていますが、仏教系の幼稚園などに通っていた人にはなじみのある行事かもしれません。

日本に仏教が伝わった約半世紀後の奈良時代、606（推古4）年にはじめて行なわれたといわれるほど歴史あるしきたりです。灌仏会の日には境内《けいだい》に色とりどりの花で飾ったお堂「花御堂《はなみどう》」が作られ、その中に入れた水盤に甘茶を満たしてお釈迦様の像（誕生仏）が置かれます。参拝者はひしゃくで甘茶をすくって、誕生仏の頭上にかけて祝い、無病息災を願います。

この甘茶は、お釈迦様が生まれたときに天から舞い降りた九頭の龍が産湯《うぶゆ》として香湯《こうとう》をかけたという伝説に基づきます。元来は灌仏会でも香湯をかけていましたが、江戸時代に甘茶に代わりました。灌仏会では参拝者に甘茶をふるまいますが、このお茶を飲むと病気をしない、目につけると目がよくなるなどのご利益があるといわれます。また、習字上達にもご利益があるとされ、甘茶入りの墨で習字を練習するときれいな文字が書けるようになるといわれています。

灌仏会は寺院の仏教の宗派に関係なく催され、東京では浅草の浅草寺や文京区にある護国寺などで「稚児《ちご》行列」が行なわれ、稚児装束の子どもたちがねり歩きます。

豆知識

お釈迦様が産湯に使ったとされる甘茶。この甘茶で墨をすり、おまじないの歌を書いて門口に貼ったり、柱に逆さに貼って虫よけにする風習があります。「千早ふる卯月八日は吉日よ、神さげ虫を成敗ぞする」。これがおまじないの歌。

灌仏会（花祭り）の祝い方

お釈迦様が生まれた4月8日に寺院では「灌仏会」「浴仏会」「仏生会」という行事が行なわれます。一般に「花祭り」として親しまれています。

花御堂

花御堂はお釈迦様の母が出産した場所を表したものです。ルンビニーの花園で休憩していたお釈迦様の母が満開の花に右手を伸ばした際、右の脇腹からお釈迦様が生まれたという伝説に由来します。お釈迦様は生まれた直後に立ち上がって東西南北に向かって7歩歩き、右手で天を指し、左手で地を指して「天《てん》上《じょう》天《てん》下《げ》唯《ゆい》我《が》独尊《どくそん》」と唱えました。

甘茶

甘茶は日本特産のユキノシタ科に属する落葉低木で、山アジサイの変種です。甘茶の葉を乾燥し、発酵させたあとよく揉んで再び乾燥させてお茶として飲むほか、甘味料や生薬としても使われています。名前の似ているアマチャヅルはウリ科の植物で、甘茶蔓茶（アマチャヅル茶）と甘茶は別のものです。

運気UP!!

- お釈迦様に無病息災を願う
- 甘茶を飲んで健康長寿！
- おまじないで虫を撃退！

Spring Tradition

4月13日

十三詣《じゅうさんまい》り

知恵と福徳の菩薩を参る

子どもから大人の入口の少年・少女たち。厄落としと知恵授けのお参り。

数え年で13歳に成長した子どもが旧暦の3月13日（新暦4月13日）に、虚空蔵菩薩《こくうぞうぼさつ》を祀るお寺にお参りする通過儀礼のしきたりです。参拝することで**知恵と福徳を授けてもらえることから「知恵参り」「知恵詣《もう》で」、あるいは「知恵貰《もら》い」などとも呼ばれます。**

なぜ13歳をひとつの節目とするのかには、いつかの説があります。十二支がちょうどひとまわりして生まれてはじめての厄年とされ、厄除けをする歳だからという説。男子の13歳頃は元《げん》服《ぷく》をする年齢にあたるからという説。女子の13歳は初潮を迎える年齢で、大人の女性の仲間入りをする「成女式」や本縫いの着物を着せてもらう「本身《ほんみ》祝い」を行なったからという説です。

さらに虚空蔵菩薩の縁日13日が結びついたという説もあります。

十三詣りで特に有名なのが京都・嵐山の法輪寺で、「嵯峨《さが》の虚空蔵さん」として昔から親しまれています。お参りで願いを込めた一文字を小さな紙片に書いて奉納し、帰りに渡月橋《とげつきょう》を**振り向かずに渡りきることができれば知恵を授かることができるといわれています。**

十三詣りは京都が発祥といわれ、昔から関西では盛んに行なわれてきたしきたりです。数えで13歳といえば、ちょうど中学進学や受験にあたる12歳。知恵と、記憶力をも授けてくれる虚空蔵菩薩さまにお参りして、我が子の運気をぜひアップさせたいものです。

豆知識

誕生日ごとに歳を重ねる満年齢と、生まれ年を1歳として新年に歳を加える数え年。日本では明治6（1873）年に太政官で初めて満年齢が使われ、明治35（1902）年の「年齢計算ニ関スル法律」で公式化。しかし民間の数え年のならわしはすたれず、昭和25（1950）年に改めて「年齢のとなえ方に関する法律」を制定しました。

知恵を授かる「知恵詣で」

子どもに知恵と知識を授ける虚空蔵菩薩を詣でる「十三詣り」は、「知恵参り」「知恵詣で」「知恵貰い」とも呼ばれます。

虚空蔵菩薩

「虚空蔵」とは宇宙のように広大で無限の知恵と慈悲が収まる蔵を意味します。人々の願いを叶えるためにその蔵から知恵や知識や記憶力などを取り出して与えてくれるといわれます。成績向上・記憶力増進・頭脳明晰・商売繁盛・技芸向上のご利益があります。

振り返らずのしきたり

十三詣りの帰路、渡月橋を振り返らずに渡るというしきたりがあります。もし振り返ってしまったらどうなるか？　せっかく虚空蔵菩薩から授かった知恵が戻ってしまうということです。

運気UP!!

- 人生最初の厄年の厄を祓う!
- 虚空蔵菩薩に福徳を授かる
- 特に知恵と記憶力にご利益が!

Spring Tradition

5月1日～2日頃

八十八夜

縁起最高のラッキーデー！

末広がりの縁起のよい数字が重なる八十八夜
お米とお茶でゲン担ぎ！

八十八夜は立春から数えて（立春を1日目として）88日目のことで、節分やお彼岸などと同じ雑節のひとつです。童謡『茶摘《つ》み』で「夏も近づく八十八夜～♪」と歌われるように、八十八夜の3日後には立夏がやってきます。

しかし春から夏への移ろいを見せるこの時期、茶農家ではお茶の新芽摘みの最盛期を迎えます。昔から「八十八夜の忘れ霜《じも》」といわれ、遅霜《おそじも》が降りることがあるからです。お茶の新芽は霜に弱く、ひとたび霜が降りてしまうと枯れてしまうため、素早く茶摘み作業を終わらせなければなりません。その一方で、**八十八夜に摘んだお茶は縁起物とされます。八十八夜のお茶は飲むと長生きする**といわれ、この貴重なお茶を神棚に供えるならわしは今も各地に残されています。なお、この時期に収穫されたお茶の新芽は、「新茶」として市場に出回ります。

また、八十八夜はコメ農家にも関係しています。**八十八という数字は組み合わせると「米」という字になる**ことから、豊作を願う祭りや祈《き》祷《とう》などの行事や儀式が行なわれました。農家にとっても特別なこの日を目安に、苗代作りや種《たね》籾《もみ》おろしなどの農作業に取りかかりました。

それは漁村も同じで、八十八夜は重要な意味を持ちます。瀬戸内海地方の村々では、この日から約1ヶ月間は**1年で最も多くの種類の魚が獲れる時期として、「魚島」や「魚島どき」**と呼ぶしきたりがあります。

豆知識

茶柱が立つと縁起がいいといわれる理由にはいくつかの説が。①茶こしや急須でお茶を入れて茶柱が立つことが珍しいからという説。②茶柱を家の大黒柱になぞらえて縁起がいいとする説。③仏様を数える際は「柱《はしら》」と数えるからという説。④茎が多い二番茶を売るためにお茶屋さんが考え出したという説です。

八十八夜が縁起日なワケ

縁起のいい数字が並ぶ「八十八夜」は、茶摘みや稲の種まきを始めるのによいとされ、これにならって夏の支度《したく》を始めるのもよいでしょう。

八十八夜のお茶で長生き

八十八夜に摘まれるお茶の新芽は「新茶」や「一番茶」と呼ばれ、新芽を芽吹くために冬の間にためた栄養分を豊富に含んでいます。

八十八夜のお茶はカテキンや
ビタミンたっぷり!

豊作!

運気UP!!

- 末広がりゾロ目の縁起日!
- 八十八夜のお茶で健康長寿
- 八十八夜の種まきで豊作!

八十八夜の苗代で豊作

八十八という文字は祖霊の宿る「米」を表します。また末広がりの縁起のよさから八十八夜に苗代の籾《もみ》まき(稲の種まき)をすると豊作になるといわれました。八十八夜の時期に豊作を願う行事が行なわれるのもそのためです。

Spring Tradition

5月5日

邪気を祓って立身出世！

端午《たんご》の節句

「尚武」「勝負」につながる
菖蒲《しょうぶ》で穢れや邪気を祓い、
男の子の運気パワー全開！

「端」は「はじめ」という意味で、端午は月の初めの午《うま》の日を表します。中国の古書によると端午とは「仲夏（旧暦5月）端五のことで、5月の最初の5日をいう」と書かれています。「五」は同じ発音の「午」と書き換えられたもので、本来は「端五」と記されていました。また、古代の中国では月と日が同じ数字の吉数（陰陽道《おんみょうどう》で吉数とされる奇数）の日を祝うならわしがあり、**5月5日に邪気祓いの行事が行なわれていたといわれています。**

　しかし、男の子の成長を祝い立身出世を願う端午の節句は、**もともとは女性が身を清める日でした。**田植え前の5月端午の日に、早乙女《さおとめ》と呼ばれる若い女性たちがヨモギや菖蒲の葉で葺《ふ》いた「娘宿《むすめやど》」や「女の家」という名の小屋に一夜ごもりをして身を清めるというしきたりがありました。稲作の最初に行なう田植えは豊作を祈る神聖な農耕行事で、命を生み出す出産という神秘の力を宿した若い女性たちが穢れを避け、清めた身で臨みました。

　それが一転、端午の節句が男の子の行事になったのは江戸時代になってから。**男性中心の武家社会となり、家を継ぐ世継ぎの男の子の健やかな成長を何よりも願ったからです。**

　かつては女性の身を清めた菖蒲が、「尚武《しょうぶ》」（武を尚《とうと》ぶ）や「勝負」に通じて勇ましさの象徴となり、鎧兜《よろいかぶと》や厄除けの幟《のぼり》をあげて男子の無事な成長を祝うようになったのです。

豆知識

ちまきは平安時代、中国から端午の節句とともに日本に伝来。邪気を祓う茅《ちがや》の葉で包むことから災厄除けとして食べられました。柏餅は江戸時代に始まった日本独自のならわし。柏が葉を絶やさないことから子孫繁栄の縁起物として江戸の武家から広まりました。今でも関東は柏餅、関西ではちまきが多く食べられます。

鎧兜と五月人形、鯉のぼり

男の子の身を護るお守りとして病気や事故などの災厄を祓い、健やかな成長と立身出世を願い鎧兜や五月人形を飾ります。邪気を祓う菖蒲湯に入るならわしも。

鎧飾り

実際の戦国大名や武将の鎧兜のレプリカが多く、弓は魔除け、太刀は護身用。

兜飾り

兜を中心に弓と太刀を添えたものが多く、収納箱がそのまま飾り台になるものも。

金太郎

武者人形と呼ばれるもので、金太郎や桃太郎、歴史上の人物などの種類があります。

鯉のぼり

滝を登った鯉が龍になる中国の登竜門伝説が起源。男児の立身出世の願いを込め、江戸後期に一般的に。

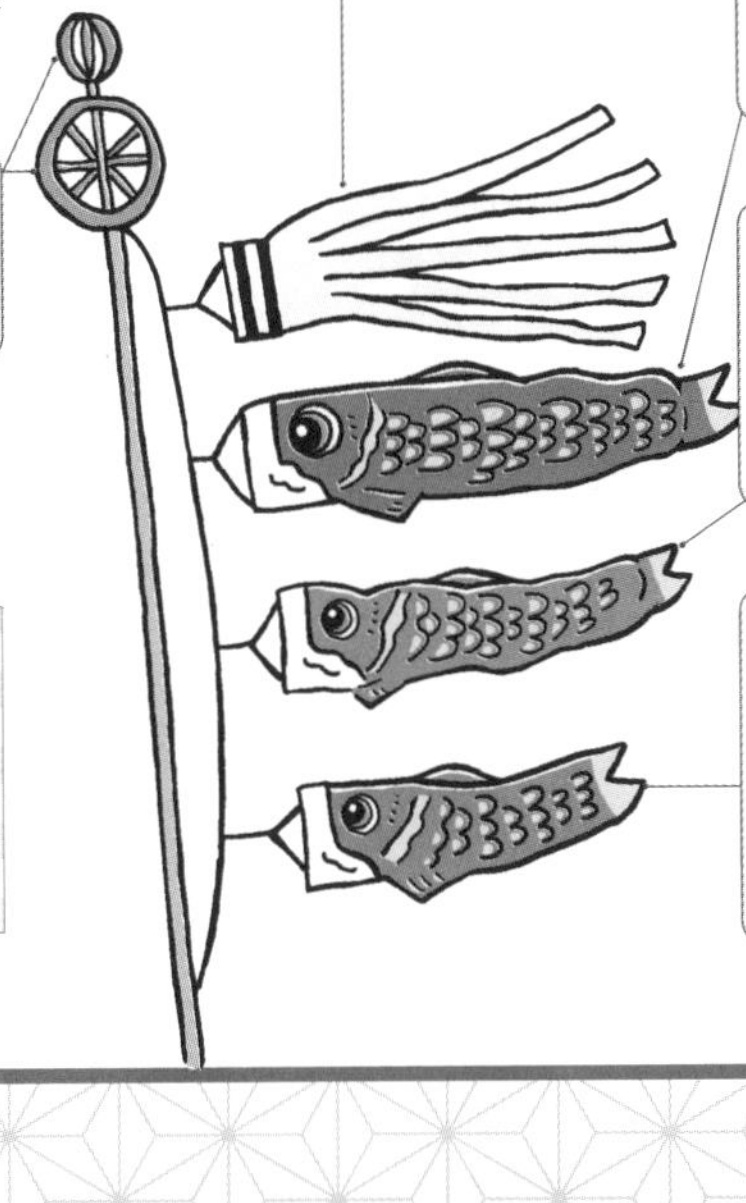

吹き流し
青は木、赤は火、黄は土、白は金、黒は水を表す古代中国の五行説に由来

天球と矢車
カラカラと音を立てて回転する矢車は魔除け、天球は神様を招きます

真鯉《まごい》
真鯉は父。五行説の黒を表し、命を支える水を意味しています

緋鯉《ひごい》
緋鯉は母。五行説の赤を表し、知恵の火を意味しています

子鯉《こごい》
子鯉の青は五行説の木を表し、立身出世と健やかな成長を祈願します

運気UP!!

- 鎧兜や五月人形で災厄祓い
- 鯉のぼりで出世運アップ
- 菖蒲湯でパワーチャージ!

Column 02

毎日を占う 6種類の吉凶「六曜《ろくよう》」

「本日は大安吉日でお日柄もよく……」とは、結婚式などのお祝いの席のスピーチでよく聞く言葉ですね。このカレンダーに記された「先勝」「友引」「先負」「仏滅」「大安」「赤口」を「六曜」といい、毎日の吉凶をみるためのものです。室町時代に中国から伝わったとされ、もともとは現在の「日・月・火・水・木・金・土」の七曜と同様、日にちを区別するために使われていたといわれます。日の吉凶を見るようになったのは、江戸時代後期頃といわれ、庶民の間に広まりました。

したがって六曜には迷信も多くあり、そこに特別な意味はありません。六曜を知りながらも正しく行動したいものです。

六曜	読み	意味
先勝	せんかち せんしょう／さきかち	「先んずれば勝つ」という意味。万事に急ぐことがよく、午前中が吉
友引	ともびき／ゆういん	「友を引く」と読まれるがもとは「共引」、つまり陰陽がつり合う引き分けのこと。葬式は避けるとされる。朝夕が吉で、正午は凶
先負	せんまけ せんぶさ／さきまけ	「先んずれば負ける」という意味。勝負事や急用は避け、万事静かが吉。午前は凶、午後は吉
仏滅	ぶつめつ	「仏も滅するような大凶日」という意味だが、もとは「物滅」と書く。何事もうまくいかない凶日。祝い事は避けるとされる
大安	たいあん／だいあん	「大いに安し」という意味。万事うまくいく吉日。結婚式などすべての祝い事によい日
赤口	しゃっこう しゃっく／せきぐち	何事も油断をいましめ、刃物の扱いに注意し、祝い事は凶。正午のみ吉

どうぞ迷信と思われるところはあまり振り回されず、自分らしく生きて行きましょう。

第二章

運気を上げる『夏』のしきたり

衣替えや七夕、土用の丑などの
なじみ深い年中行事から、
半年分の厄を祓う
夏越《なごし》の祓《はらえ》やお盆など、
夏ならではのしきたりで
運気をアップしましょう！

Summer Tradition

6月~8月

夏のしきたりカレンダー

梅雨の時季が過ぎればいよいよ夏本番、子どもたちの夏休みがやってきます。海や山のレジャーや夏祭りなど、楽しいイベントがいっぱいです。そしてまた、夏はしきたりのあるイベントも盛りだくさん。日本人が古くから大切にしてきたしきたりで運気も上がるシーズンです。

※二十四節気の日付、期間は年によって異なります。ここでは目安を記します

6月 ー水無月（みなづき）ー

水無月の由来にはいくつかありますが、旧暦のこの頃は梅雨が明けて天から水がなくなる月だからというものと、田に水を張る「水の月」だからというものです。季節は仲夏。

日	しきたり・五節句	二十四節気
1	衣替え ➡p48	
2		
3		
4		
5		
6		芒種はこの頃
7		
8		
9		
10		
11		
12		
13		
14		
15		
16		
17		
18		
19		
20		
21		夏至はこの頃
22		
23		
24		
25		
26		
27		
28		
29		
30	夏越の祓 ➡p50	

芒種（ぼうしゅ）
「芒」は「のぎ」と読み、稲などの穂先にある針のような部分のこと。穂の出る稲や麦などの種をまく時期を意味します

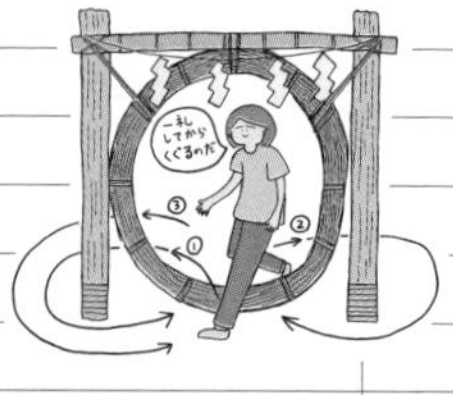

夏至（げし）
1年でもっとも昼が長い日。暦の上では夏の折り返し地点にあたり、夏至を過ぎると本格的な夏がやってきます。

7月 ―文月（ふみづき）―

文月は、七夕の行事にちなむ「文披月（ふみひらきづき）」が転じたという説、稲穂のふくらむ月を意味する「穂含月（ほふみづき）」が転じたという説がある。季節は晩夏。

日	しきたり・五節句	二十四節気
1	山開き➡p52 お中元➡p56	
2		
3		
4		
5		
6		
7	七夕➡p54・七夕の節句	小暑はこの頃
8		
9		
10		
11		
12		
13		
14		
15		
16	（8月15日まで）	
17		
18		
19		
20		大暑はこの頃
21		
22		
23	（海の日）	
24	（スポーツの日）	
25		
26		
27		
28		
29		
30		
31		

小暑（しょうしょ）
だんだん暑さが増していくという意味。小暑と大暑を合わせたおよそ1ヶ月を「暑中」といい「暑中見舞い」を出す期間とされています

大暑（たいしょ）
1年でもっとも気温が高くなる暑さの盛り。土用の丑の日が近く、夏バテ予防にウナギを食べる風習があります

8月 ―葉月（はづき）―

旧暦では秋の始まりの季節となる葉月は、葉が散り始める月であることに由来します。新暦のお盆の時期でもあり、盆踊りや花火大会などが各地で行なわれます。季節は初秋。

日	しきたり・五節句	二十四節気
1	お中元➡p56	
2		
3		
4		
5		
6		
7		
8		立秋はこの頃
9		
10	（山の日）	
11		
12		
13	お盆➡p60	
14		
15		
16		
17		
18		
19		
20		
21		
22		
23		処暑はこの頃
24		
25		
26		
27		
28		
29		
30		
31		

立秋（りっしゅう）
まだまだ暑さ厳しい頃ですが、この日から暦の上では秋。立秋を過ぎたら「暑中見舞い」から「残暑見舞い」に

処暑（しょしょ）
暑さがおさまるという意味で、朝晩がだんだん涼しくなり、初秋の足音を感じる頃。秋の台風シーズンに入っていきます

Summer Tradition

6月1日

衣替《ころもが》え

宮中行事がルーツ

衣替えは、平安の昔から続く日本ならではの習慣。四季のある国のしきたりです。

四季があり、寒暖の差が大きな日本では、衣類を季節に合わせ、取り替えて調節する習慣があります。この「衣替え」の始まりは古く、平安時代の「更衣《こうい》」という宮中行事がルーツとなっています。当時は旧暦の4月と10月の朔日《ついたち》（1日）を衣替えとし、衣類だけでなく調度品も季節に合わせて取り替えていました。

江戸時代には幕府が武士に対して衣替えを定めるようになり、年に4回、着用する着物の仕立ても指定されました。これが庶民にも広がっていったのです。ただ当時は木綿《もめん》も高価で、4月の夏装束《しょうぞく》の衣替えでは、冬の綿入れの綿を抜いて仕立て直し、着用するなど工夫されていました。このことから4月1日の衣替えは「綿《わた》貫《ぬき》」とも呼ばれていたのです。

着物は仕立てばかりでなく、冬は枯山水《かれさんすい》や椿《つばき》、春は桜など、季節ならではの柄を楽しみましたが、こちらは実際の季節より一足早く身に着けるのが粋《いき》とされていました。

明治維新で新暦が採用されると、夏服への衣替えは6月1日、冬服が10月1日となりました。現在も、学校や官公庁などは、この日に衣替えを行なっています。

近年では一斉に「衣替えの日」として実施されることはなくなりましたが、全国の神社では、今も4月と10月に、神様に新たな装束を納め、神服などを取り替える神事「更衣祭」が行なわれています。

豆知識

四月一日と書いて「わたぬき」と読む姓がありますが、この珍しい苗字は江戸時代の衣替えに関係が。幕府の取り決めで年4回もの衣替えをしていた武士は、袷の着物に綿を入れて冬の綿入れとし、春には綿を抜いて袷に仕立て直していました。4月1日の衣替えは「綿貫」とも呼ばれ、これが四月一日さんの由来といわれています。

衣替えの歴史的変遷

平安時代の宮中行事から江戸幕府による武士への定めまで、衣替えは意外なほど長い歴史を持つ日本独自のならわしだったのです。

平安時代「更衣」

旧暦	旧暦
4月1日〜9月末	10月1日〜3月末
夏装束	冬装束

室内の調度品も取り替えていました

江戸時代の武家社会

旧暦	旧暦	旧暦	旧暦
4月1日〜5月4日	5月5日〜8月末	9月1日〜8日までの1週間	9月9日〜3月末
裏地付きの着物「袷《あわせ》」	裏地なしの単衣《ひとえ》「帷子《かたびら》」	「袷《あわせ》」	綿入れの着物「綿入《わたい》れ」

衣替え毎に裏地の付け替え、綿の入れ抜きの仕立て直しで着物を着回すことも多かったとか

明治時代の制服

新暦	新暦
6月1日〜9月末	10月1日〜5月末
「夏服」	「冬服」

役人・軍人・警察官の制服の衣替えが学生服に採り入れられ、一般にも定着しました

運気UP!!

- 古い服を整理して開運!
- 整理整頓で運気アップ!

Summer Tradition

6月30日

半年分の災厄を祓う

夏越《なごし》の祓《はらえ》

半年の節目の日に、たまった1年の前半分の不純を祓って厄落とし。

1年の折り返し地点である6月30日は、まだまだ暑さの真っ盛り。しかし、旧暦ではこの日を境に秋を迎えるとし、行なわれるのが「夏越の祓」です。

夏越の祓は半年間にたまった殺生などの罪過《ざいか》を取り除き災厄を祓うこの行事で、特に有名なのが「茅の輪《ちわ》くぐり」です。神社の境内に置かれた茅《ちがや》を束ねた大きな輪を、くぐった経験がある人も多いのではないでしょうか。

この茅の輪をくぐることで災いが祓われ、心身が清らかになるとされています。しかし、ただくぐればいいというものではなく、最初に左回り、次に右回り、さらに左回りというふうに、8の字にくぐるのが作法となっています。

夏越の祓の、もうひとつの行事が「人形《ひとがた》」です。人形は半紙を人の形に切り抜いたもので「形《かた》代《しろ》」とも呼ばれ、夏越の祓が近づくと神社で配られます。**この人形に名前と生年月日を記し、自分の身体をなで、息を3回吹きかけることで人形が身代わりとなり、自分の災厄や穢れを引き受けてくれます。**祓いの当日、これを神社に納めて祓い清めてもらい、そのあとは海や川に流したり、お焚《た》き上げで燃やしてもらいます。

半年後の12月31日には「大祓《おおはらえ》」が行なわれ、このときも災厄を祓い、新春を迎えます。夏から秋へ、冬から春へと移ろう日に心身をすっきり清らかにすれば、季節とともに新しい幸運がめぐってくること請け合いです。

豆知識

夏越の祓の日に「水無月《みなづき》」という和菓子を食べるならわしがあります。旧暦の6月1日は「氷の節句」といい、室町時代の宮中では御所に氷を取り寄せて暑気払いをしていました。氷が手に入らない庶民は、三角のういろうに魔除けの意味を持つ小豆をのせた水無月を食べて暑気払い。三角形は氷をかたどったものといわれています。

茅の輪のくぐり方

半年分の厄を落とす「夏越の祓」には作法があります。また、対《つい》の行事としてもう半年後の12月末には「年越の祓」を行なうのもしきたりです。

①左→②右→③再び左と8の字を描きながら3度くぐり抜けて境内に入ります。その際、「水無月の夏越の祓する人は、千歳《ちとせ》の命延《の》ぶというなり」と唱えます
（神社や地方で作法は異なります）

運気UP!!

- 前半の厄を祓って後半へGO
- 人形を流して厄落とし!
- 水無月を食べて厄落とし!

Summer Tradition

7月1日

山の霊験《れいげん》にあやかる
山開き

かつて高僧や修験者《しゅげんしゃ》に限られた霊山の山開きで運気をチャージ！

古来、山には神霊《しんれい》が住まうとされ、信仰の対象となっていました。そのため、霊山とされる山には、僧侶や山伏《やまぶし》などの修験者しか立ち入ることが許されていませんでした。そんな聖地である山岳に、夏の一定期間だけ一般の人にも登山が許され、その年で初めて入山できる日が「山開き」です。

日本の霊山として、まっ先に名前の挙がるのは富士山でしょう。富士山の山開きは7月1日。ただ、雪解けの状況などによって、日程が変わることもあります。当日は神職が祝詞《のりと》をあげて登山者の無事を祈り、白装束に金剛杖を持った修験者が「六根清浄《ろっこんしょうじょう》」と唱えながら登っていく姿が見られます。

富士山への信仰は古代から続いていますが、江戸時代になると民衆の間で富士登山がブームとなります。しかし、富士山は費用の面から見ても簡単に登れる山ではありません。そこで「富士講《こう》」というグループをつくって登山費用を積立て、代表者が加入者の祈願を代行するという仕組みも考え出されました。さらには、富士山に見立てた「富士塚」という人工の塚や山をつくり、そこに登れば本物の富士山に登ったのと同じ御利益が得られるとしました。

富士山をはじめ、山々には神秘的な雰囲気が漂っています。深い緑に囲まれ、澄んだ空気を吸えば、身体の奥底からパワーがみなぎること間違いなしです。

豆知識

川開きは水難者供養の「水神祭《すいじんさい》」が夕涼みの風習と結びつき、納涼期間幕開けの祝賀行事となりました。隅田川が特に有名で、打ち上げ花火が上がる初日は江戸っ子たちで大にぎわい。今日の「隅田川花火大会」のルーツといわれます。一方、海開きは明治以降に海水浴場ができてからの比較的新しいしきたりです。

日本三霊山

古くから山岳信仰が強く根付く日本には多くの霊山があります。中でも「三霊山」と呼ばれる山があり、同時にこれらの山は「日本三名山」ともいわれています。

白山（はくさん）

白山という山はなく、御前峰《ごぜんみね》、大汝峰《おおなんじみね》、剣ヶ峰《けんがみね》の三主峰周辺の山々からなる連峰の総称です。石川、福井、富山、岐阜の4県にまたがる山麓一帯を含め白山国立公園に指定され、登山コースが豊富で、夏山シーズンには多くの登山者でにぎわいます

立山（たてやま）

立山は古くから神々が宿るとされる山岳信仰の山で、中・近世には修験道の霊山として栄えました。富山から長野まで北アルプスを貫く「立山黒部アルペンルート」は世界でも有数の山岳観光ルートとして多くの観光客が訪れます

富士山

日本の最高峰で標高は3776.12m。静岡県と山梨県にまたがる活火山で、2013年には世界文化遺産に登録されています。古代より山岳信仰の山で「富士信仰」といわれます。明治時代まで女人禁制の山でした

運気UP!!

- 山開き神事で霊験にあやかる！
- 日本有数のパワースポット！

六根清浄が「どっこいしょ」の語源説

五感と心を研ぎ澄ませ、修行に集中して力を発揮できるよう祈る言葉「六根清浄」。山を登る修験者が唱えるこの言葉が転じて「どっこいしょ」に。

Summer Tradition

7月7日

七夕《たなばた》

愛の伝説でラブ運アップ!?

星空を舞台に語られる織姫と彦星の伝説ロマンチックすぎ！

織姫《おりひめ》と彦星《ひこぼし》が年1回、7月7日に出会う日として知られる「七夕伝説」は、中国で生まれました。織女《しょくじょ》（織姫）と牽牛《けんぎゅう》（彦星）という夫婦は仲がよすぎて働かないため、天帝が天《あま》の川の対岸に引き離してしまいます。ただ年に一度、7月7日だけ鵲《かささぎ》の橋渡しによって会えるという言い伝えがあったのです。この日は、女性たちが裁縫の上達を願い、供え物をして織女星に願う「乞巧奠《きっこうでん》」という行事が催されていました。この乞巧奠が奈良時代の日本に伝わり、宮中行事として取り入れられるようになったのです。

　当時の日本の七夕は、庭に祭壇を設けて織姫と彦星に海の幸と山の幸をお供えし、星を眺めて和歌を交換するという優雅なものでした。このとき和歌や願い事を短冊《たんざく》に書いたのが、七夕飾りの由来といわれています。新暦の7月7日は梅雨《つゆ》の最中ですが、旧暦では梅雨の明けた時期。そのため七夕にはお盆に先立って梅雨の穢れを祓い、祖霊を迎えるための禊《みそぎ》の意味も加わっていきます。現在でも七夕祭りを旧暦で行なう地域があります。

　7月7日の夕方を表して七夕《しちせき》と呼ばれていたのが、水神に捧げる神聖な布を織る乙女の「棚《たな》機《ばた》女《つめ》伝説」と重ね合わせ、「たなばた」という読み方に変わったという説もあります。年中行事のひとつに定められたのは、江戸時代。ここから武家や庶民にも広まり、現在のような形へと変化していきました。

豆知識

織姫と彦星のふたりを、夏の夜空で見つけることができます。東の空に輝くこと座の「ベガ」は織姫、わし座の「アルタイ」は彦星のこと。これにはくちょう座の「デネブ」を結んで「夏の大三角形」と呼ばれています。いずれも一等星で、ひときわ明るく輝いています。8月上旬の20~22時が見つけるのに最適な時期といわれます。

七夕飾りの種類と意味

邪気を祓うといわれる笹に、願いを書いた短冊を飾る七夕飾り。短冊以外にも色紙で作った飾りが笹を彩ります。

くずかご
節約や整理整頓の心を養う
提灯《ちょうちん》
心を明るく照らしてくれるようにとの願いから
紙衣《かみこ》
災い除けと裁縫上達
輪飾り
みんなの夢がつながり叶うようにとの願いから
吹き流し
織姫の織り糸をイメージ
五色《ごしき》の短冊
古代中国の五行説に基づく青、赤、黄、白、紫の短冊に願いを書く
網飾り
豊年豊作大漁
折鶴
健康長寿、家内安全
菱飾り
夜空の天の川を表現
財布（茶巾）
金運上昇
三角飾り
裁縫上達

運気UP!!

- 織姫と彦星のラブパワー
- 陰陽五行の五色の短冊に願いを！
- 厄除けの笹で穢れを祓う！

七夕そうめん

7月7日に「索餅《さくべい》」という小麦粉で作ったお菓子を食べる古代中国の風習が日本に伝わり、それが変化して七夕にそうめんを食べるようになりました。病気平癒《びょうきへいゆ》を祈願していただきます。

Summer Tradition

7月1日〜8月15日

お中元《ちゅうげん》

神様へのお供え物だった

もともと中元とは神様にお供えをしてつぐないをする日だった！

日頃の感謝と夏のごあいさつを兼ねた「お中元」は、中国発祥の宗教「道教」で教える「三《さん》元節《げんせつ》」が由来です。三元説とは旧暦1月15日の「上元《じょうげん》」、7月15日の「中元」、10月15日の「下《か》元《げん》」をいい、これらの日には神にお供え物をしてお祝いを行なっていました。特に中元の日には贖罪《しょくざい》の意味を込めて、庭で火を焚く習慣もあったようです。

この習慣が日本に伝わると、お盆と重なる時期でもあることから、先祖への供養という意味合いが強くなり、やがてお世話になった人や親戚に贈り物をするという習慣に変化したといわれています。贈るものも当初は先祖へのお供え物として、小麦粉、白米、そうめんなどの麺類、菓子や果物などの食品が多く、新盆《にいぼん》（60ページ）の家には線香や提灯が届けられていました。

一般的に、お中元を贈る時期は7月初めから15日頃とされています。15日を過ぎると、お中元ではなく「暑中見舞い」とし、8月8日頃の立秋が過ぎれば「残暑見舞い」とします。ただ、地域によっては8月15日までをお中元の時期とするところもあるので、贈り先を考えて、お中元にするのか暑中見舞いにするのかを決めたほうがいいでしょう。

近年はデパートなどから配達してもらうことの多いお中元ですが、できる限り相手の顔を見ながら手渡したいものです。そうすることで、より贈る側の感謝の気持ちが伝わります。

豆知識

お中元を贈る相手が喪中《もちゅう》の場合、お中元を贈ってOK？　答えはイエスです。しかし、熨斗《のし》紙は一般的に使われる紅白の水引《みずひき》は避け、白無地の奉書紙や白短冊で表書きには「御中元」と記します。また期間もポイントで、四十九日が過ぎてから贈ります。待つことで時期がずれた場合は「暑中御見舞い」「残暑御見舞い」で。

お中元の由来

中元は中国道教の三元節のひとつで、この日に寺院などで仏事が行なわれました。そうめんや白米、小麦粉などの穀類、菓子や果物などを供えました。

三元節

上元　1月15日

中元　7月15日

下元　10月15日

↓

神様に供物を献上して罪滅《つみほろ》ぼしをするならわし

↓ 日本に伝わり、贖罪から感謝とお祝いの意味へと変化

明治時代にお世話になった人に品物を贈るようになる

中元 ＋ お盆 ＝ **お中元に！**

お中元を贈る時期　地域によってお中元の時期が異なります。

地区	時期
北海道	7月15日～8月15日
東北・関東	7月1～15日
北陸	7月1日～15日（地区による）
東海・関西・中国・四国	7月15日～8月15日
九州	8月1～15日
沖縄	毎年異なる（旧暦のお盆）

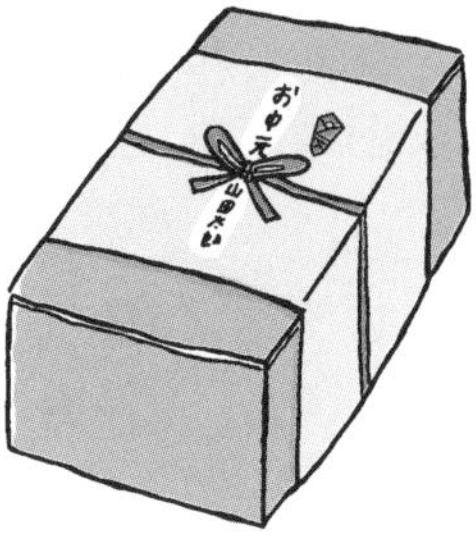

運気UP!!

- ●感謝の気持ちが運を上げる
- ●贈られた人も運気アップ！

贈る時期が過ぎてしまったら……

7月15日を過ぎてしまったら「暑中御見舞い」で送ります。
8月8日頃の立秋を過ぎたら「残暑御見舞い」になります。
相手が目上なら「暑中御伺」「残暑御伺」に。

Summer Tradition

7月20日頃

スタミナ・運気アゲアゲ
土用《どよう》の丑《うし》の日

「う」のつく食べ物
ウナギが最強!?
運気も元気も一気上げ！

現在、「土用」といえば夏の風物詩のようにとらえられがちですが、土用は立春、立夏、立秋、立冬の前の18日間を指し、立秋前がいわゆる「夏の土用」です。

この時期は夏の盛りであり、夏バテする人も多くいました。それを避けるために「土用の丑の日に、「う」の字のつくものを食べれば暑気あたりしない」という伝承が生まれ、食べられたのが梅干やウリ、うどん、そしてウナギです。ちなみに十二支で表した「丑の日」は土用の期間中に2回訪れる年もあり、この場合は1回目を「一の丑」、2回目を「二の丑」と呼びます。

ウナギは高たんぱくでビタミンも豊富。夏バテ防止には最適な食材で、奈良時代の和歌集『万葉集』にも夏痩《や》せにウナギをすすめる歌が載っています。ただ、天然ウナギの旬は10月から12月頃。しかも濃厚に味付けされたウナギを暑いさなかに好んで食べる人は少なく、ウナギ屋は困っていました。その悩みを解決したのが江戸時代中期の蘭学者・平賀源内です。源内が「本日、土用丑の日」と書いてウナギ屋の店先に貼り出したところ、大変な評判になったとの説があります。

ほかにも、土用の丑の日には「丑湯《うしゆ》」という薬草を入れた風呂に入ったり、海水浴に出かけたりする風習が見られます。また、この日にアジサイの花を軒下に吊るしておくと、金運が上がるという言い伝えも残されています。

豆知識

関東と関西とではウナギのさばき方が違います。俗にいう「関東の背開き、関西の腹開き」で、「江戸の背開き」「京阪の腹開き」ともいいます。関東はウナギを背から開いて串に刺して皮から焼き、白焼きにしたあと蒸して再びたれをつけて焼きます。関西では腹側から開き、たれをつけて蒸さずに串焼きにします。

土用の丑の日と「う」のつく食べ物

土用の丑といえばウナギが定番ですが、それにひと役買ったのが江戸の蘭学者・平賀源内。しかし実は、よいといわれる「う」のつく食べ物はほかにもあります。

ウナギ

ビタミンA・Eのほか、脂質やタンパク質を多く含み、夏バテ予防に最適なウナギ。胃もたれや夏風邪にもよいとされます。

平賀源内のアイディア！

静電気の発生装置・エレキテルの発明で知られる平賀源内。彼は日本初のコピーライターでもあったのです！

「う」のつく食べ物

土用の丑の日食べるとよい「う」のつく食べ物。
ウナギのほかにもよいとされるものがあります。

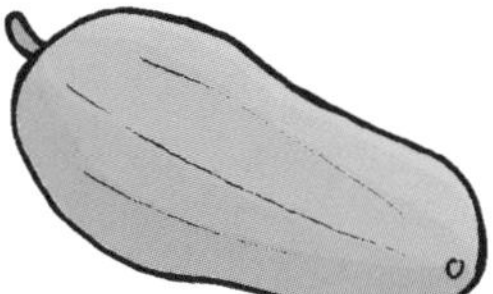

ウリ

カリウムが豊富で水分を体外に排出する働きがあります。利尿作用でむくみを解消し、体の余分な熱を冷ますといわれます。

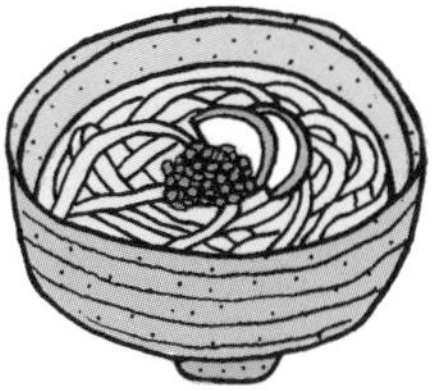

うどん

麺類の中でも特に消化のいいうどんは疲れた体や脳に素早くエネルギーを補給。食欲がなくても食べやすい。

梅干

有機酸が疲労回復や肩こりにも効果が。菌の増殖を抑え、腸内環境の改善も。食中毒予防にも効果があります。

運気UP!!

- ウナギでスタミナアップ！
- 「う」のつく食べ物で運気アップ！
- 薬湯、入浴剤などの「丑湯」でパワーアップ！

Summer Tradition

8月13日～16日頃

お盆

先祖の霊をお・も・て・な・し！

年に一度あの世から里帰りする先祖の霊をもてなすしきたり。

　お盆とはいわゆる略語で、正式には「盂蘭盆会《うらぼんえ》」という仏教行事です。ほかに「精霊会《しょうりょうえ》」ともいわれ、先祖の霊を家に迎えて供養する行事ですが、「盆と正月」と物のたとえにされるほど、日本人にとっては節目となるしきたりです。

　もともとは旧暦の7月に行なわれていましたが、現在では新暦に合わせ8月に行なわれることが一般的になっています。企業もこの時期は休暇となるところも多く、盆の入りと明けには故郷に帰る車や人で道路や交通機関が大混雑する「帰省ラッシュ」のニュースがテレビや新聞でも伝えられます。お盆には生きている人間も死んだ人の霊も、こぞって大移動です。

　お盆の起源は、釈迦の弟子の十大弟子のひとりである目連《もくれん》という修行僧が、餓鬼道《がきどう》で逆さ吊《つ》りになって苦しむ母親を救うために釈迦の教えに従い7月15日に供養したのが始まりといわれています。「盂蘭盆会」という言葉は、「逆さ吊り」（またはお供え物のご飯とも）の意を持つインドのサンスクリット語「ウラバンナ」が転じたことが由来とされています。この説話で説かれたあの世で苦しみを受ける死者を供養で救うという仏教の教えと、古くからある日本の先祖の霊を祀《まつ》るならわしが合わさって、お盆が現在のような形になり広まったといわれています。

　盆の入りの13日には仏壇の前などに盆棚をしつらえて迎え火を焚いて先祖の霊を迎え入れ、盆の終わりに焚く送り火で見送ります。

豆知識

故人が四十九日を過ぎて初めて迎えるお盆を「新盆」といい、「にいぼん」「あらぼん」「しんぼん」「はつぼん」のほか、「あらそんじょ」「にいじょうろ」「ねじょうれい」などと呼ばれます。仏様となった故人が初めて家に戻ってくるので、初盆法要を営み特に手厚く供養します。盆提灯は模様の無地の白提灯を飾ります。

先祖の霊を迎えもてなす「盆棚」

13日の朝、先祖の霊を迎えもてなすための「盆棚」を仏壇の前や縁側にしつらえます。「精《しょう》霊棚《りょうだな》」「先祖棚」とも呼ばれます。

ほおずき
提灯に見立てたほおずきを飾り、迎え火や提灯を頼りに帰ってくる先祖の霊を迎えます。たくさんの種は子孫繁栄への祈り

ミソハギの花
精霊花。"ミソギ"と呼ぶ地方も。水に浸して仏前の供物を清めます

施餓鬼幡《せがきはた》
「五如来幡《ごにょらいはた》」とも呼ばれる密教の「五知如来《ごちにょらい》」を表す五色の旗

白玉団子
ハスやサトイモの葉にのせて供えます

キュウリの馬とナスの牛
ご先祖様のために「精霊馬《しょうりょううま》」と呼ばれる乗り物を作ります。迎え盆には速い馬でお迎えし、送り盆には遅い牛で名残を惜しみます

ゴザを敷く
真菰《まこも》で編んだゴザを敷き土地の神様を招きます

四隅《すみ》に竹
竹で柱を立てます

運気UP!!

- ご先祖からの加護をいただいて運気上昇!
- 感謝の心で運気アップ!
- ほおずきやミソハギの花で子宝成就!

お盆のお供え物「五供《ごく》」のしきたり

[香] 線香 [灯燭《とうしょく》] ろうそく。仏壇の明かりと暗い煩悩を捨て明るい悟りに至ることを讃えます。[花] 宗派によって常緑のシキミや生花を用います。[浄水] 仏様に水やお茶を供えます。お茶の場合は一番茶を。[飲食《はんじき》] 仏前に供えるご飯で「仏飯」といいます。

※盆棚や五供は宗派や地方によって異なる場合があります。

先祖の霊の道しるべ「迎え火」と「送り火」

「迎え火」は、先祖の霊が迷わないように焚く最初のおもてなし。お盆の最終日には京都の山々に大きな「送り火」が焚かれるなど、盛大に見送る行事もあります。また、この迎え火や送り火が花火大会のルーツになったという説もあります。

迎え火

13日の夕方に家の庭や門前で、麻の茎を乾燥させた麻《お》幹《がら》を焙烙《ほうろく》という素焼きの皿の上に井の字に組んで燃やします。燃えている麻幹をまたぐと、厄病除けになるといわれています。マンションなどの共同住宅で火を焚くことが難しい場合は、盆提灯で代用します。

麻幹（あさがら、おがら）

麻の皮を剥いだあとに残る芯の部分のこと。麻は古くから清浄な植物とされ、悪いものを清めるといわれています。お盆の時期にスーパーや花屋さんで買うことができます

焙烙

ほうらく、ホーロクとも呼ばれる素焼きの平たい小さなお皿。迎え火、送り火をの際に、このお皿に麻幹をのせて焚きます。仏具店やホームセンターなどで買うことができます

送り火

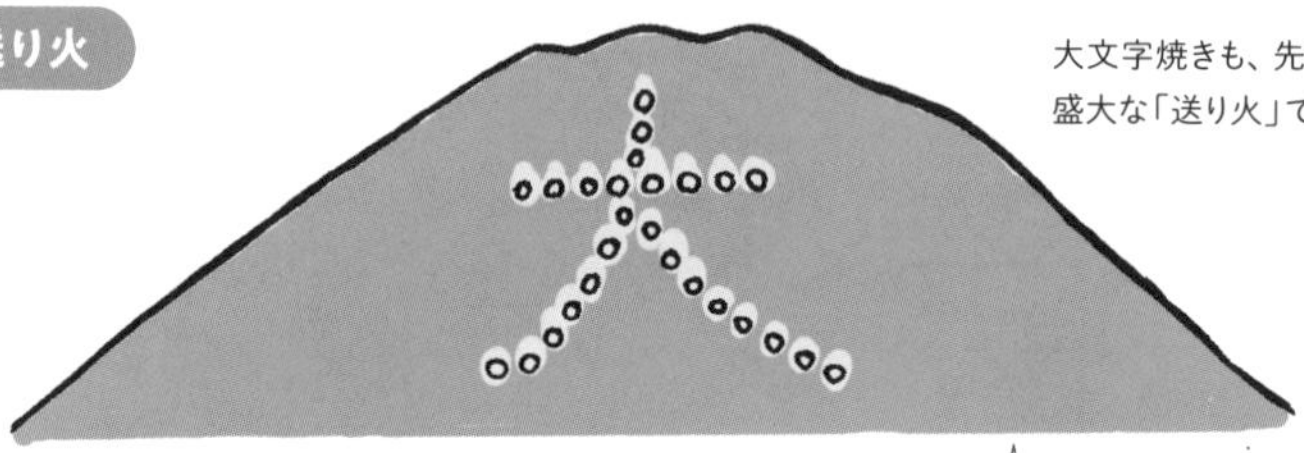

大文字焼きも、先祖の霊を送る盛大な「送り火」です

お盆の最終日、15日の夕方か16日の早朝に、迎え火を焚いたのと同じ場所で送り火を焚きます。先祖の霊があの世へ無事に帰れるように、戻る道を送り火の炎で照らします。8月16日の夜に京都で行われる俗に「大文字焼き」と呼ばれる「京都五山送り火」はあまりにも有名です。夏の京都の風物詩ともなっています。

東山如意ヶ岳《にょいがたけ》の「大文字」、松ケ崎西山・東山の「妙法」、西賀茂船山の「船形」、大北山の「左大文字」、嵯峨曼荼《まんだ》羅山《らやま》の「鳥居形」が順に灯されます

豆知識

お盆には7月の新盆と、8月の旧盆があります。全国的に主流となっているのは8月の旧盆ですが、東京と一部の地域では新盆です。お盆が2つの時期に異なったワケは、旧暦から新暦への明治の改暦にあります。新盆の具体的な地域は、多摩地区の一部を除く東京と北海道の函館、石川県の金沢旧市街地となっています。

先祖の霊を慰める「盆踊り」

夏の風物詩のひとつである盆踊り。元来、お盆に帰った先祖の霊を慰《なぐさ》め、再び送るための踊りでした。列を組んで踊る行列形式と、輪になる輪踊り形式があります。

念仏踊りがルーツ

盆踊りとは元来、死者を迎え送るもてなしとお別れの儀式。平安時代に空也上人《くうやしょうにん》によって始められ、鎌倉時代の一遍《いっぺん》上人によって全国に広められた「念仏踊り」が起源といわれます。また、踊りで災厄を祓うという意味があったともいわれています。

目連が餓鬼道で苦しむ母と亡者を救った際に地獄の扉も開き、歓喜した大勢の死霊たちの様子が原型となり、盆踊りは必ず大勢で踊るしきたりになったという説も

＼ 日本三大盆踊り ／

西馬音内《にしもない》の盆踊り（秋田）
郡上おどり（岐阜）
阿波おどり（徳島）

運気UP!!

- ●ご先祖をもてなして運気アップ！
- ●盆踊りでご先祖と盛り上がる！

先祖の霊を送る「精霊《しょうろう》流し」

お盆の最終日、盆棚の飾りや供物を小さな船に乗せて川や海に流して先祖の霊（精霊）を送る行事。「灯籠流し」「送り盆」ともいわれます。

Column 03

これもしきたり？ 母の日・父の日・敬老の日

私たちの暮らしの中で、もはや年中行事となっている母の日や父の日、敬老の日。その起源としきたりとは？

●母の日の起源としきたり

1908年のアメリカで、アンナ・ジャービスという女性が亡くなった母の命日に白いカーネーションを捧げたことが始まりといわれ、1914年に祝日となりました。日本では1931年に当時の皇后の誕生日の3月6日が母の日とされ、1937年に森永製菓の「森永母の日大会」開催で全国に広まりました。1949年頃からアメリカと同じ5月の第2日曜日に行なわれるようになり、健在の母には赤のカーネーションを、亡くなった母には白いカーネーションを贈ります。

●父の日の起源としきたり

父の日も母の日と同じくアメリカが発祥で、ソノラ・スマート・ドットという女性が1909年に牧師教会へ「父に感謝する日も作ってほしい」と嘆願したのがきっかけ。その後、1916年の大統領演説で父の日が浸透し、1973年に正式に6月の第3日曜日を父の日に制定。日本には1950年代頃に伝わり、1980年代に入ってから一般的に。健在の父には赤いバラを、亡くなった父には白いバラを贈ります。また最近では、日本ファーザーズ・デイ委員会が提唱する黄色いバラも定着しています。

●敬老の日の起源としきたり

敬老の日は、もともとは聖徳太子が身寄りのないお年寄りや病人のための施設「悲田院」を9月15日に設立したのが起源といわれています。「悲田」とは「慈悲の田」、つまり「やさしさが発育するところ」という意味の仏教語です。1966年に国民の祝日に関する法律で祝日に制定されました。2002年までは、9月15日が敬老の日でしたが、2003年にハッピーマンデー制度が実施され、9月の第3月曜日となりました。

第三章

運気を上げる『秋』のしきたり

秋には、重陽の節句やお月見、
えびす講や
酉の市など、運気を上げる
しきたりがいっぱい！
ご先祖様を敬う秋のお彼岸や
子どもの成長を祝う
通過儀礼の七五三も
大切なしきたりです。

Autumn Tradition

9月~11月

秋のしきたりカレンダー

暑い盛りを過ぎ、過ごしやすい季節の秋。神様の棲《す》む山々の紅葉の美しさや豊かな実りの収穫、子どもの成長を祝う儀礼など、人々が神々に感謝して行なわれるしきたりの季節でもあります。美しい季節に神々への感謝の気持ちを表して、運気のボルテージも上げておきましょう。

※二十四節気の日付、期間は年によって異なります。ここでは目安を記します

9月 ―長月（ながつき）―

「夜長月（よながつき）」を略したのが由来といわれる長月。しかしほかにも「稲刈月（いねかりづき）」や「穂長月（ほながつき）」が転じた、または長雨《ながさめ》が続くなど諸説あります。季節は仲秋。

日	しきたり・五節句・雑節	二十四節気
1		
2		
3		
4		
5		
6		
7		
8		白露はこの頃
9	重陽の節句 ➡p68	
10		
11		
12		
13		
14		
15	十五夜 ➡p70	
16		
17		
18		
19		
20	秋のお彼岸 ➡p72	
21	（敬老の日）	
22	（秋分の日）	
23		秋分はこの頃
24		
25		
26		
27		
28		
29		
30		
31		

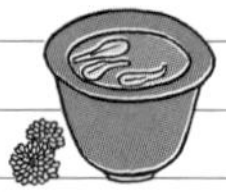

白露（はくろ）
夜の空気が冷え、草花に朝露が白く降りる頃という意味。空は高くなって秋の気配が深まり、ツバメが南に帰っていきます

秋分（しゅうぶん）
昼夜の長さが逆転し、この日を境に日が短くなって秋の夜長に向かいます。秋分の日は彼岸の中日で、前後3日間を秋彼岸といいます

10月 ―神無月（かんなづき）―

諸国の神様がみな出雲《いずも》に出向き留守になる旧暦の10月を「神無月」といいます。逆に神様が集まる出雲は「神在月（かみありづき）」と呼ばれます。季節は晩秋。

日	しきたり・五節句・雑節	二十四節気
1		
2		
3		
4		
5		
6		
7		
8		寒露はこの頃
9		
10		
11		
12		
13		
14		
15		
16		
17		
18		
19		
20	えびす講➡p74	
21		
22		
23		霜降はこの頃
24		
25		
26		
27		
28		
29		
30		
31		

寒露（かんろ）
朝晩の冷え込みが増し、草木に冷たい露が降りる頃という意味。秋の長雨が終わり、本格的な秋の始まりとなります

霜降（そうこう）
早朝には露に変わり霜が降りはじめる頃という意味。秋が一段と深まり、山間部では紅葉が見ごろを迎えます

11月 ―霜月（しもつき）―

冬が始まる月で、霜が降りるようになる月を表す「霜月」。農作業を終えた里では祭礼で神楽《かぐら》を奉納することから「神楽月」とも呼ばれます。暖かい小春日和もありますが、季節は初冬。

日	しきたり・五節句・雑節	二十四節気
1		
2	酉の市・一の酉➡p76　※酉の日は12日ごとに巡ってくる	
3	（文化の日）	
4		
5		
6		
7		
8		立冬はこの頃
9		
10		
11		
12		
13		
14		
15	七五三➡p78	
16		
17		
18		
19		
20		
21		
22		
23	（勤労感謝の日）	小雪はこの頃
24		
25		
26		
27		
28		
29		
30		

立冬（りっとう）
この日から立春の前日までが暦の上では冬となり、木枯らしが吹く頃。日も短くなり、紅葉が終わりを迎え木立の冬枯れが目立つように

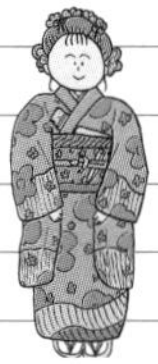

小雪（しょうせつ）
北風が吹き、山では初雪が舞い始める頃。北国からも雪の便りが届き始めるが、まださほど多くないことからいわれています

Autumn Tradition

9月9日

「九」が重なるめでたい日

重陽《ちょうよう》の節句

菊を愛で、菊酒を飲み、
菊の露と香りでおまじない。
不老長寿にキク──！

中国では古くから、奇数が縁起のよい陽の数字とされています。その中でいちばん大きな数字の「9」が重なる9月9日は「重九《ちょうく》」「重陽」と呼ばれ、祝われるようになりました。

重陽の節句は別名「菊の節句」とも呼ばれています。中国では、重陽の節句には高い場所に上り、菊の花びらを散らし香りを移した菊酒を飲むことで長寿を願うと同時に、邪気が祓われるとされていました。**旧暦の9月9日は、現在の10月中旬にあたり、菊が美しく咲く時期。中国で菊は「仙人の住む場所に咲く霊薬」という**言い伝えもあったのです。

重陽の節句は、菊の言い伝えとともに奈良時代の日本に伝わり、平安時代初期には宮中行事として定着しました。貴族たちはこの日に菊を見る宴《うたげ》を催し、菊酒を酌《く》み交わして長寿と無病息災を願ったのです。

江戸時代に入ると、この風習は武家や庶民の間にも広まり、五節句のひとつとして浸透していきました。**この頃になると菊酒とともに、秋の収穫祭の意味も込め、収穫した栗と米を一緒に炊いた栗ご飯を食べる習慣もあったといいます。**このことから、重陽の節句を「栗の節句」と呼ぶ地域もあります。

現在では重陽の時期に「お九日《くんち》（くんち）」と呼ばれる秋の収穫祭や、菊人形展や菊の品評会が行なわれる地域もあります。菊の花を愛でながら幸運を願う、風流な行事といえるでしょう。

豆知識

「お九日」は、「おくんち」「くんち」と呼ばれる九州北部で行なわれる秋祭りのことで、福岡県の「博多おくんち」、佐賀県の「唐津くんち」、長崎県の「長崎くんち」は「日本三大くんち」と呼ばれています。「くんち」の語源は重陽の節句と深い関係があり、もともと旧暦の9月9日の重陽の節句に行なわれていたからといわれています。

「五節句」のひとつで別名「菊の節句」

重陽の節句は、陽数のいちばん大きな数の「9」が2つ並ぶ最高におめでたい日とされます。旧暦の9月9日は新暦では10月にあたり、菊の花の盛りの時期でもあります。

五節句

1月7日	人日の節句（じんじつのせっく）	別名「七草の節句」。七草がゆを食べて1年の豊作と無病息災を願う
3月3日	上巳の節句（じょうみのせっく）	別名「桃の節句」で、「ひなまつり」とも。女の子の成長を願う
5月5日	端午の節句（たんごのせっく）	別名「菖蒲の節句」。男の子の成長を願う。「こどもの日」として祝日に
7月7日	七夕の節句（しちせきのせっく）	別名「笹の節句」。願いを書いた短冊を笹に飾る七夕の行事が行なわれる
9月9日	重陽の節句（ちょうようのせっく）	別名「菊の節句」。宮中や寺院では菊を鑑賞する行事が行なわれる

菊づくし

奈良時代に大陸から渡来した菊は、天皇家の御紋に使われるなど、高貴なものでした。重陽の節句では、菊にまつわるさまざまなならわしが行なわれます。

菊酒

盃《さかずき》に食用の菊の花びらを浮かべた風流な酒。邪気祓いの意味も持ちます。

運気UP!!

- ●菊酒を飲んで邪気祓い！
- ●おまじないで不老長寿！
- ●「く」のつく栗ご飯で元気アップ！

菊の被綿《きせ》（着せ綿）

重陽の前夜、菊のつぼみに綿をかぶせて菊の露と香りを移し、翌朝その綿で肌を清めることで若さを保ち長生きできると信じられていました。

Autumn Tradition

9月15日

最強の月パワー！

お月見（十五《じゅうご》夜《や》）

いくつもの名月を愛でて
月の光の魔力を浴びる。
不思議な力をいただこう！

満月を見ながら、秋の収穫を感謝する「お月見」は別名「十五夜」ともいいます。現在では9月ですが、旧暦では8月15日に行なわれていました。今の暦《こよみ》では8月といえば夏の盛り。しかし、**旧暦では7月から9月の3ヶ月間が秋なので、その真ん中にあたる8月15日を「中秋」と呼び、「中秋の名月」といわれます。**

十五夜の前日の月は「待宵《まつよい》」または「小望《こもち》月《づき》」と呼ばれ、この日も月見をする風習があります。これは15日が悪天候で月を見られなくなった場合のことを考えて、前の日の月も見ておく意味合いがあったとされています。

お月見の発祥は中国で、清《しん》の時代には元旦・端午と並ぶお祝い事として、広く行なわれていました。これが奈良から平安時代に日本でも取り入れられ、貴族が月下で和歌を詠む「月見の宴」になったのです。江戸時代になると、庶民にも広まり、豊作を祈願する「初穂祭り」と結びついた行事へと発展していきました。

お供え物は地域によってさまざまですが、丸いお団子は豊作の象徴、ススキは稲穂に代わる月の神様の依《よ》り代《しろ》とされています。ススキの鋭い切り口も、魔よけの意味があるとも伝えられています。

十五夜だけでなく、1ヶ月後の十三夜、2ヶ月後の十日夜の3回、お月見をすると縁起がいいといわれ、夜空に浮かぶ白い月の光を浴びれば、運気の上昇も期待できそうです。

豆知識

旧暦9月13日の「十三夜」は「後《のち》の月《つき》」と呼ばれ、お月見の風習があります。中国伝来の十五夜に対し、十三夜は日本だけの風習です。また、旧暦10月の亥《い》の日にもお月見をする風習があり「十日夜」といいます。この3つのお月見は「三月見《さんつきみ》」と呼ばれ、すべての日で美しい月が見れたらよい年になるといわれています。

お月見の「お供え」のしきたり

まだ暑さの残る９月の夜空に浮かぶ名月を愛でる風流。お月様にお供えする供物にもしきたりがあります。

月見団子
十五夜にちなむ15個、または月の数の12個のお団子を三方《さんぽう》にのせるのが正式です

里芋・秋の収穫物
一株で子芋、孫芋と増える里芋は子孫繁栄の縁起物。「芋名月」といわれる由縁

お神酒《みき》

秋の七草

「月見団子を盗まれると豊作になる」といわれ、子どもたちに供え物を盗らせる「お月見どろぼう」の風習は、日本のハロウィン

秋の七草

お月見では、ススキを稲穂に見立て供えます。月の神様がススキに降りてくると考えられていました。ほかの秋の七草を飾ってももちろんOK。秋の七草は観賞用で、食べられません。

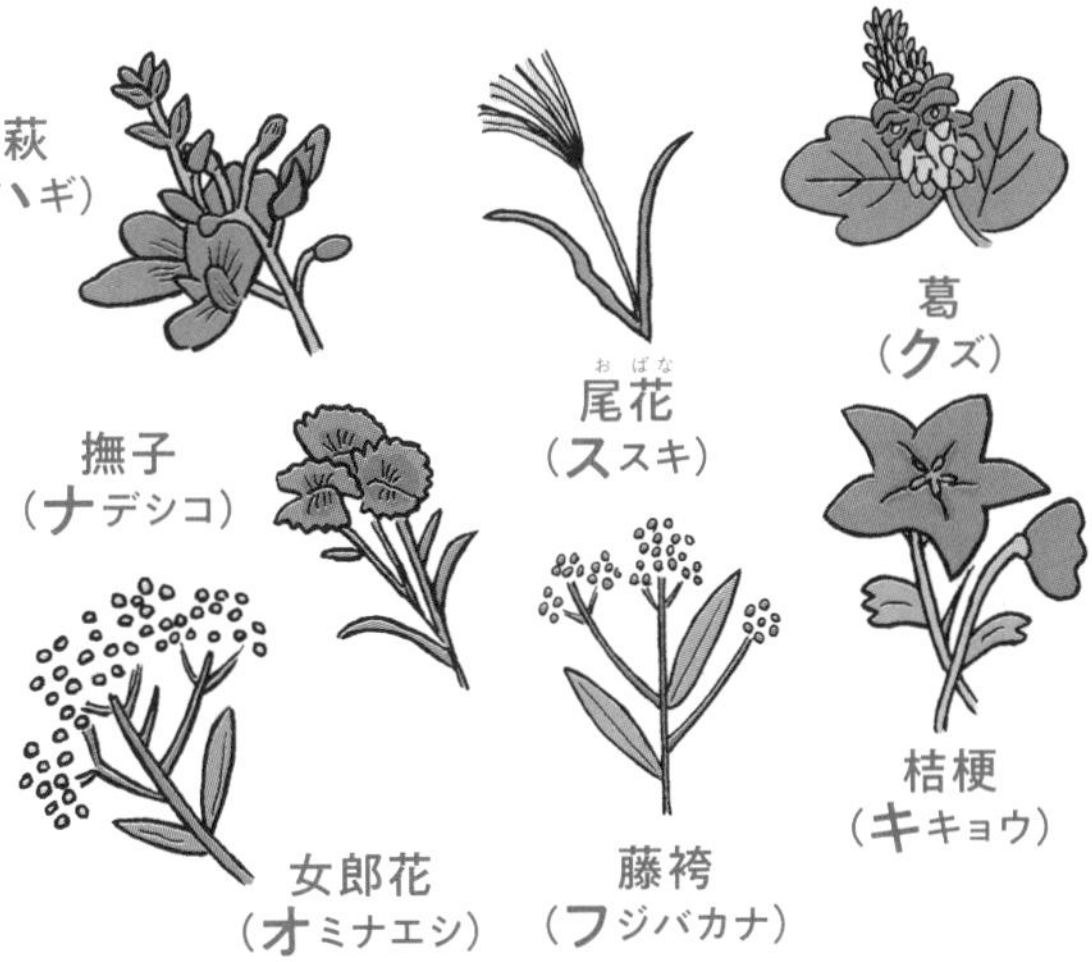
萩
（ハギ）
尾花《おばな》
（ススキ）
葛
（クズ）
撫子
（ナデシコ）
女郎花
（オミナエシ）
藤袴
（フジバカナ）
桔梗
（キキョウ）

オスキナフクハ（お好きな服は？）と覚えます

運気UP!!
- ●月の持つパワーをもらう！
- ●三月見をコンプリート！

Autumn Tradition

9月20日～26日頃

秋のお彼岸《ひがん》

「お彼岸」は2度やってくる

**秋分の日を中日として
あの世とこの世が再び近づく
前後3日の7日間。**

春のお彼岸（32ページ）と同様に、仏壇を清め、お墓参りをして先祖の供養をする期間で、**最初の日を「彼岸の入り」、最後の日を「彼岸の明け」といいます。**春分を境に昼が長く、夜が短くなっていったのに対し、今度は逆に秋分を境にだんだんと昼の長さが短くなり、夜が長くなっていきます。太陽が真東から昇り、真西に沈む昼夜の長さが逆転するまさにこの日、極楽浄土のある彼岸（あの世）と此岸（この世）が再び近づき交わることができると、いにしえの先人たちは考えたのです。

さて、お彼岸の中日の春分と秋分は、季節の移り変わりを示す「二十四節気《にじゅうしせっき》」で、中国から日本に伝わりました。月の満ち欠けを基にした太陰太陽暦（旧暦）では実際の季節と暦との間にズレが生じるため、それを補正するために考えられました。また、中国の気候を基にした二十四節気では日本の気候や季節を十分につかめないため、**日本独自の「雑節《ざっせつ》」という暦日が、日本の農事にそった作業の目安となるようきめ細かく作られました。**

雑節は日本ならではの季節の移ろいをより強く感じさせ、彼岸のほかにも節分（１０２ページ）や土用（58ページ）、八十八夜（40ページ）などの年中行事として今も人々の暮らしの中に溶け込んでいます。また物忌《ものい》みといわれるしきたりも残され、たとえば「土用には土いじりや種まきをしない」などがあります。

豆知識

秋のお彼岸頃に咲く美しい花としてあまりにも有名な「彼岸花」。その名の由来はズバリ、お彼岸の頃に咲くからです。別名で曼珠沙華《まんじゅしゃげ》とも呼ばれ、梵語《ぼんご》で「天上の花」という意味を持ちます。彼岸花はお墓の側に植えられたり、持ち帰ると火事になるといわれ昔から不吉な花といわれますが、それは彼岸花が持つ毒のため。

日本で生まれた独自の暦日「雑節」

雑節とは、中国から伝わった太陰太陽暦（旧暦）に、季節の移り変わりをより的確につかむための日本独自の暦日です。農作業の目安となるよう考えられました。

雑節

※日付けは新暦の目安

雑節	新暦	内容
節分	2月3日頃	本来、立春・立夏・立秋・立冬の前日で季節の分かれ目をいう。現在は立春の前日。豆まきのしきたりがある
彼岸	—	春分と秋分を中日とした前後3日の1週間。先祖を供養する
社日《しゃにち》	—	春分と秋分に最も近い戊（つちのえ）の日。田の神様を祀る
八十八夜	5月2日頃	春分から数えて88日目。稲の種まきの目安
入梅《にゅうばい》	6月11日頃	立春から127日目。梅雨入りの目安
半《はん》夏《げ》生《しょう》	7月2日頃	夏至から11日目。田植えを終える目安
土用	—	立春・立夏・立秋・立冬の前18日間。夏の土用を指すのが一般的
二百十日	9月1日頃	立春から210日目。台風の厄日とされる
二《に》百《ひゃく》二《は》十《つ》日《か》	9月11日頃	立春から220日目。台風の厄日とされる

運気UP!!

- ●ご先祖供養で運気をいただく！
- ●おはぎを食べて邪気祓い！

1年を72等分した「七十二候《しちじゅうにこう》」

古代中国では、二十四節気を具体化したさらに細かい暦「七十二候」も作られました。動植物や気候の変化を短文にした「うぐいす鳴く」「桜はじめて咲く」などが名称に。

Autumn Tradition

10月20日頃

「残りもの」には福がある!?
えびす講

お留守番の恵比須様をにぎやかに慰《なぐさ》めて商売繁盛・大漁祈願！

恵比寿様に商売繁盛を願い、おもに商家が行なう行事が「えびす講」です。行なわれる日は地域によって異なりますが、関東では10月20日と1月20日が多く、「二十日《はつか》えびす」とも呼ばれます。

恵比寿様は七福神のひとりで、右手に釣竿を持ち、左脇に大きなタイを抱えています。この姿から**「エビ（恵比）でタイを釣る」という語呂合わせで商売繁盛にご利益があるとされ、また農村では五穀豊穣《ごこくほうじょう》、漁村では豊漁の神様として広く崇《あが》められてきました。**書き表し方も「恵比須」「戎」「夷」「蛭」などさまざまで、関西では戎が一般的です。

そんな恵比寿様には、人々の生活を豊かにする以外にも役目があります。それは、なんと「留守番」。旧暦の10月は神無月といわれ、全国の神様が出雲《いずも》に集まる月とされています。そのなかでひとりだけ居残るのが恵比寿様です。つまり、**ほかの神様がいない間、恵比寿様はしっかりと留守をあずかっているというわけです。**このような神様を「留守神」といいます。えびす講はひとりぼっちになって寂しい恵比寿様を慰めるために、始まったとする説もあります。

多くのご利益を広くもたらしてくれる恵比寿様は、もっとも身近な神様ともいえます。きちんとお参りすれば、きちんと願いを叶えてくれる。福福しい笑顔を拝めば、そんな期待が持てそうです。

豆知識

関東と関西のえびす講では、行なわれる日も呼び名も違います。関東では10月20日に行なわれることが多いため「二十日えびす」と呼ばれ、一方の関西では1月10日に行なわれることが多いため「十日戎《とおかえびす》」と呼ばれます。いずれも商売繁盛を祈願し、関東では親せきや知人を、関西では商人仲間を招いて祝宴を開き祝います。

神無月の留守をまもる「留守神様」

全国の神々が出雲大社に出向く神無月（出雲だけは「神在月《かみありづき》」）に、居残り留守番をするのが恵比須様。人々の暮らしを豊かにする神様です。土地の旬の食べ物をお供えします。

商家では商売繁盛の神様、農村では豊穣の神様、漁村では豊漁の神様である恵比須様。書き表し方が多いのも、人々に愛される証です。関西では親しみを込めて「えべっさん」と呼ばれています。

運気UP!!

- 恵比須様を慰めご利益を！
- 恵比須様とにぎやかに過ごして仕事運と金運アップ！

出雲の「神在月」

旧暦10月は全国の神々が出雲大社に集まるため、「神在月」といわれます。出雲大社に集まった神様たちは旧暦10月11日から七日間、「神議り《かむはかり》」という決めごとを相談します。

Autumn Tradition

11月の酉の日

酉《とり》の市《いち》

福をかき集める熊手《くまで》

農具の熊手が縁起物《えんぎもの》!?
商売繁盛・家内安全
粋《いき》な駆け引きで運を買う！

十二支は年だけでなく月日や時間にも当てはめられ、毎年11月の酉の日には商売繁盛を願って各地の鷲《わし》（大鳥）神社などでは祭りが開かれます。このときに立つ市が「酉の市」で、最初の酉の日を「一の酉」、次の日を「二の酉」、その次を「三の酉」と呼びます。酉の市は、江戸時代に花又村（現足立区）の農民が秋の収穫を祝って大鷲大明神にニワトリを奉納したことが始まりとされています。

　酉の市の名物といえば、たくさんの飾り物がつけられた熊手。**もともとは農具として売られていたものが、その形と用途から「福を取り込む縁起物」とされました。**大きなものだと1メートル近くにもなり、毎年より大きなものに買い換えると、さらに福を招くといわれています。買うときは安ければ安いほどいいとされ、買い手がつけば三本締めが披露され、市のあちこちで威勢のよい手締めの音と声が響きます。

　また、酉の市の日には「かっこめ（はっこめ）」という特別なお守りも授与されます。小さな熊手に稲穂やお札のついたお守りは福やお客を「かき込む」という意味を持ち、かんざしとして女性の髪に飾られることもあります。

　ほかにもサトイモの一種である「八頭《やつがしら》」や「黄金餅《こがねもち》」が売られ、八頭を食べると「人の上に立つことができる」「子宝に恵まれる」とか。

　このように、縁起物が満載の酉の市は、運気を上げるのにもってこいのお祭りなのです。

豆知識

「三の酉まである年は火事が多い」といわれます。その所以は定かではないのですが、そういわれるまことしやかな根拠となったのが「明暦《めいれき》の大火」といわれます。明暦3（1657）年1月18日のこの大火事で、江戸の町は2日に渡って燃え続け多くの死者を出しました。そしてこの年がたまたま三の酉まである年だったのです。

酉の市の縁起熊手

指物《さしもの》という縁起のいい装飾をつけ商売繁盛、開運招福の「福」を取り込む縁起として親しまれる酉の市の熊手。「縁起熊手」「飾り熊手」と呼ばれています。

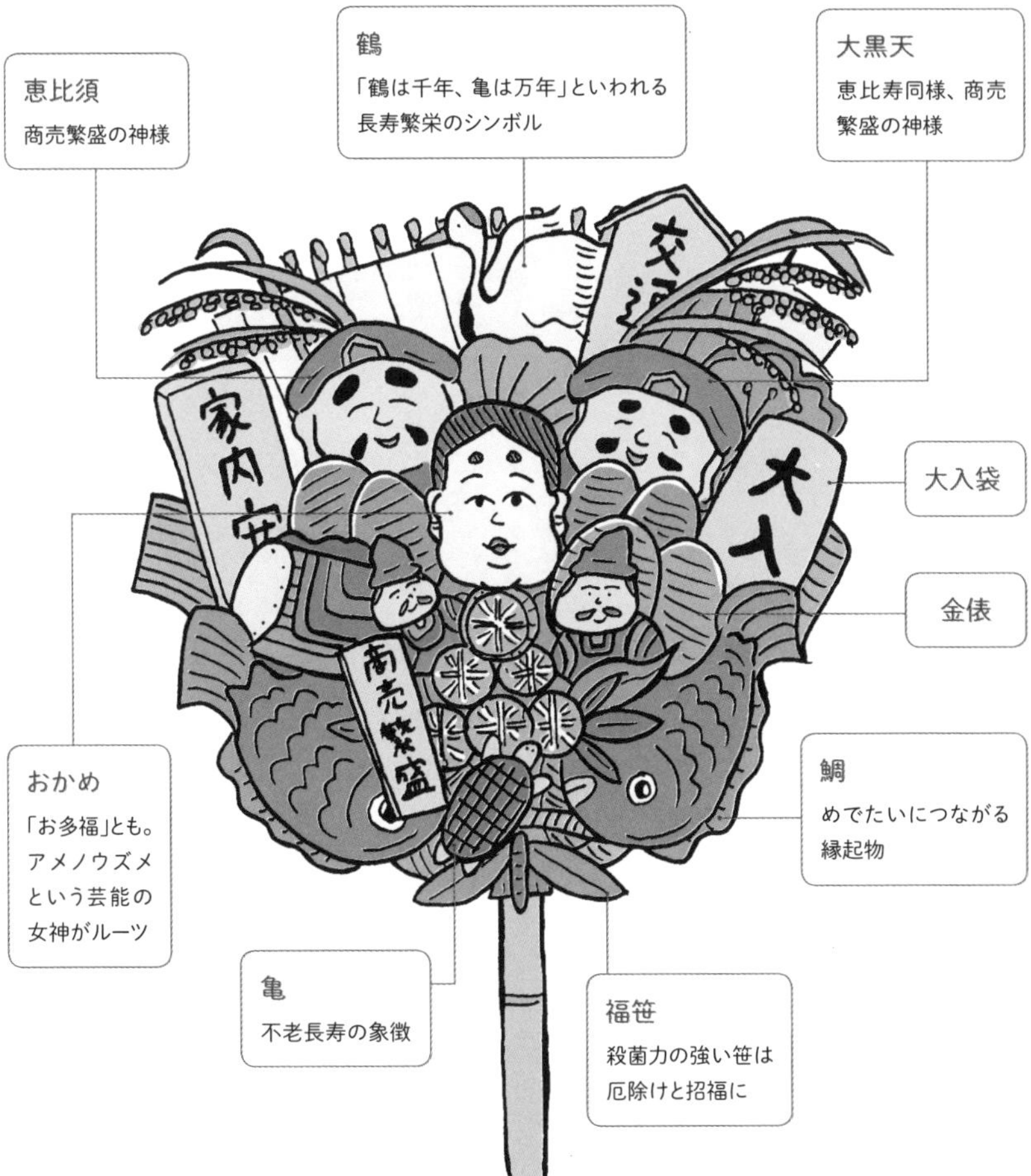
恵比須
商売繁盛の神様
鶴
「鶴は千年、亀は万年」といわれる長寿繁栄のシンボル
大黒天
恵比寿同様、商売繁盛の神様
大入袋
金俵
鯛
めでたいにつながる縁起物
おかめ
「お多福」とも。アメノウズメという芸能の女神がルーツ
亀
不老長寿の象徴
福笹
殺菌力の強い笹は厄除けと招福に
商売繁盛

運気UP!!

- 毎年大きな熊手に更新！
- 家の奥の高い場所に飾る！

熊手を飾るときのしきたり

熊手を飾るときは、家のいちばん奥の高い位置から玄関に向けて飾ります。熊手が外から、福やお金を家の中にかき込むからといわれています。

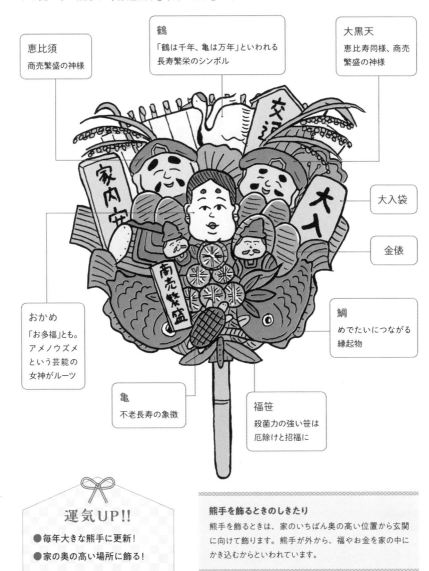

Autumn Tradition

11月15日

七五三

吉数で祝う子どもの成長

「神の子」から「人の子」に子どもたちが無事に育ったことを神様に報告！

女の子は3歳と7歳、男の子は5歳に氏《うじ》神様の神社に参拝し、その年まで無事成長したことを感謝し、これからの成長を祈る行事が「七五三」です。現在ではどの年齢も同じ日に祝いますが、もとは3歳の「髪置《かみお》き」、5歳の「袴着《はかまぎ》」、7歳の「帯解《おびと》き」と別々の儀式でした。7・5・3という区切りは、奇数を吉数とする陰陽道によるものです。

この儀式が広まるきっかけになったのは、室町時代の「七つ子祝い」という風習だといわれています。当時はまだ医学が発達しておらず、流行病で子どもが亡くなることは日常茶飯事でした。このことから7歳までの子どもは神様からの授かりものとされ、なにをしてもバチがあたらないけれど、葬儀の必要もないと考えられていました。**7歳を迎えることができたら、やっと氏子《うじこ》入りをして氏神様にお参りをし、初めて存在が社会的に認められたのです。**

宮中や公家など限られていたこの行事が、一般的に広がり、11月15日という日程に定まったのは江戸後期になってから。旧暦のこの日は鬼が出歩かない「二十八宿《にじゅうはっしゅく》の鬼宿日《きしゅくにち》」と呼ばれ、結婚式以外は万事順調に行なえると考えられていました。**さらに、江戸幕府五代将軍の徳川綱吉が、3歳になった長男・徳松の健康祈願をこの日に行なったことが由来とされています。**

日本全国に広がり現在のような形になったのは明治以降で、定着したのは戦後です。

豆知識

長く伸ばして作る千歳飴は「長寿」に通じる縁起のよい紅白の飴《あめ》。飴の袋にも縁起のよい鶴や亀、松竹梅が描かれ、千年を意味する名前もおめでたく、晴れ着に千歳飴の袋を持つ姿はほほえましいものです。江戸時代にはすでに一般化していました。千歳飴は、直径15mm程度、長さ1m以内と決められているそうです。

七五三の由来

3歳では男女とも、5歳は男の子、7歳は女の子をお祝いします。これはもともと年齢ごとにあった平安時代が起源の儀式がまとまったものといわれています。

3歳 「髪置きの儀」

平安時代は、男女とも生まれて7日目に産毛を剃り、3歳まで坊主頭でした。髪を伸ばし始めるのは3歳からで、髪置きの儀式が行なわれました。

5歳 「袴着の儀」

平安時代、男女とも5~7歳になると初めて袴をつける「袴着」の儀式が行なわれ、江戸時代以降に男の子の風習となりました。

運気UP!!

- 千歳飴を食べて長寿!
- 節目の祝いで運気を上げる!

7歳 「帯解きの儀」

女児から子どもへの成長のお祝いで、幼児用のひもつきの着物から、帯結びをした着付けに変わりました。室町時代に「帯解きの儀」となりました。

Column 04

家を建てる前のしきたり「地鎮祭《じちんさい》」と「上棟式《じょうとうしき》」

あらゆるものに神様が宿る日本では、家を建てるときには土地の神様に工事の無事や建物の安全を願う儀式を行なうしきたりがあります。

●地鎮祭

古くから土地は本来、神様のもので人間が土地を借りて田植えをしたり、家を建てたりしていると考えられていました。新しく家を建てる前に神様の許しを得て土地の邪気を除き、土地に宿る神様の「土地神（どじしん、どじがみ）」を鎮《しず》めるために行なわれる儀式が「地鎮祭」です。土地の四隅に青竹を立てて注連縄《しめなわ》で囲って祭場とし、その中にお神酒《みき》、魚、米などのお供《そな》え物をします。神主の祝詞《のりと》とお祓《はら》いのあと、施工主が鍬《くわ》入れをします。平安時代には陰陽師《おんみょうじ》が儀式を行なっていましたが、明治時代以降は神主《かんぬし》が行なうようになりました。

●上棟式

家の竣工《しゅんこう》後の安全を願って行なわれる儀式で、家の建築工事が無事に進んで完成が間近であることを土地の神様に報告と感謝をします。柱や梁《はり》などの骨組みが完成し、屋根を支える「棟木《むなぎ》」を上げるときに行なうことから「上棟式」と呼ばれます。地域によっては建前《たてまえ》や棟上《むねあ》げとも呼ばれ、厄払いの意味でお赤飯を配ったり、餅やお菓子、おひねりをまいたりするところもあります。家主は周囲に施しをすればするほど家が栄えると信じられてきました。本来は神主や住職を招いて行ないますが、近年では簡略化され、棟梁《とうりょう》が中心となって儀式を行なうことが一般的となっています。

第四章

運気を上げる『冬』のしきたり

冬のしきたりは1年を
締めくくる年末の
ならわしからお正月の準備に続き、
新たに迎えた年のはじめに
行なうならわしまで、
大切にしたいしきたりが目白押しです。
すべてに運気の神様が宿ります。

Winter Tradition

12月～2月

冬のしきたりカレンダー

年の暮れの大掃除や年明けの準備、それに続くお正月など、新しい年1年分の幸運を持ってやって来る歳神様《としがみさま》をお迎えする大切な季節です。古くから行なわれてきたしきたりが目白押し。心身ともに気を引き締め、よい運気もあふれる1年にしましょう。

※二十四節気の日付、期間は年によって異なります。ここでは目安を記します

12月 ―師走（しわす）―

師走は文字通り「師も忙しく走りまわる」年の瀬の月というのが由来。関東では正月準備の事始め、関西では農事を終える事納《ことおさ》めの対照的な行事が行なわれます。季節は仲冬。

日	しきたり・五節句・雑節	二十四節気
1		
2		
3		
4		
5		
6		
7		大雪はこの頃
8		**大雪（たいせつ）** 山は雪深くなり、北国では平地にも雪が降る頃。冬将軍が到来し、動物たちも冬眠に入り、鮭は川を上る時期です
9		
10		
11		
12		
13	煤払い ➡p84	
14		
15		
16		
17		
18		
19		
20		
21		
22	冬至 ➡p86	冬至はこの頃
23		**冬至（とうじ）** 1年でもっとも夜が長く、昼が短い日。冬至は「一《いち》陽来復《ようらいふく》」の日といわれ、悪いことが続いたあとに幸運に向う日とされています
24		
25		
26		
27		
28	正月飾り ➡p88	
29		
30		
31	大晦日 ➡p90	

2月　ー如月(きさらぎ)ー

立春を迎えるとはいえ寒さ厳しいこの時期、着物をさらに重ねて着込むから「衣更着」、一方で春を感じ始める頃ということから「気更来」などが「きさらぎ」の由来。季節は初春。

日	しきたり・五節句・雑節	二十四節気
1		
2		
3	節分 ➡p102	
4		立春はこの頃
5		
6		
7		
8		
9		
10		
11	(建国記念の日)	
12		
13		
14		
15		
16		
17		
18		
19		雨水はこの頃
20		
21		
22		
23	(天皇誕生日)	
24		
25		
26		
27		
28		
29		
30		

立春(りっしゅん)
二十四節気の最初の節気。暦の上ではこの日から春となります。立春を過ぎ、はじめて吹く強い南風のことを「春一番」といいます

雨水(うすい)
降る雪が雨へと変わり、降り積もった雪や氷が解け出す頃という意味。草木も芽を出し始め、農家では農耕を始める時期の目安とされています

1月　ー睦月(むつき)ー

睦月とは、正月を迎え家族・親族が仲睦まじく喜びあう月というのが由縁といわれています。新年最初の月にふさわしい異名です。二十四節気では小寒、大寒の時期。季節は晩冬。

日	しきたり・五節句・雑節	二十四節気
1	お正月 ➡p92／おせち料理 ➡p94／初詣 ➡p96(元旦)	
2	↓	
3	↓	
4		
5		
6		小寒はこの頃
7	七草がゆ ➡p98	
8		
9		
10		
11		
12		
13	成人式 ➡p100(成人の日) ※第2月曜日で日付は年により変動	
14		
15		
16		
17		
18		
19		
20		大寒はこの頃
21		
22		
23		
24		
25		
26		
27		
28		
29		
30		
31		

小寒(しょうかん)
もっとも寒さが厳しくなる「寒」の入りの頃。小寒と大寒のおよそ1ヶ月を「寒中」「寒の内」といい「寒中見舞い」を出す時期

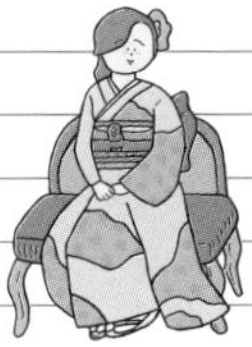

大寒(だいかん)
二十四節気の最後の節気。厳しい冷え込みで寒さの底とも。小寒から立春までの30日間を「寒の内」といい、大寒はそのまん中

Winter Tradition

12月13日

煤払《すすはら》い

カモ〜ン歳神様！

家中の煤《すす》を払って
幸運を授ける歳神様を
迎える準備はぬかりなく！

煤払いは新しい年を迎える準備である「正月事始め」にちなんで行なわれます。その内容は、簡単にいえば大掃除ですが、単に家の外や部屋の中をきれいにするだけが目的ではありません。**もともとは、新しい年神様を祀るための準備として神棚や仏壇を清める信仰行事でした。**

正月事始めが12月13日から行なわれるのは、「鬼の日」として婚礼以外は何でも「吉」とされていたことから。江戸時代には幕府がこの日を「江戸城御煤納《えどじょうおすすおさ》めの日」と定め、それが庶民にも広がっていったと考えられています。

かつての煤払いには独特の道具が用いられていました。**新しく切り出した笹や竹竿の先に葉やわらをつけたもので、「煤梵天《すすぼんてん》」と呼ばれます。**

現在でも神社や寺院などでは、煤梵天で煤払いを行なっているところもあります。この煤梵天は終わってからすぐに捨てるのではなく、小正月の左義長《さぎちょう》（88ページ）や「どんど焼き」と呼ばれる焚き火で燃やす地域もあります。また煤払いのあとに「煤払い祝い」といって団子や餅を食べる習慣が残っている地域もあります。

ただ13日の掃除では、早すぎると感じる人もいるかもしれません。**そんなときは、まず神棚や仏壇を清め、後日にあらためて大掃除をするという方法もあります。**年の瀬が迫ってバタバタと大掃除をするご家庭も多いでしょうが、新年の幸運を呼ぶ年末の「儀式」として、煤払いを取り入れるのもいいかもしれません。

豆知識

旧暦の12月13日は「鬼宿日《きしゅくにち》」で、婚礼以外のことならすべてのことが吉日とされていたため、歳神様を迎える正月準備の日とされました。また、「松迎え」といって、門松に使う松やお雑煮を炊くための薪《まき》に必要な木を新年の年男が恵方《えほう》の山へ採りに行く日でもありました。そのほかにも餅つきや正月飾り作りなども行なわれました。

「煤払い」から「大掃除」へ

煤払いは家と家に祀《まつ》る神棚や仏壇を清めるお正月の準備作業です。「煤払い節句」ともいわれる神聖な清めの儀式で、歳神様や祖霊を迎え入れる大切な準備でした。

煤梵天・煤男

煤払いの道具は「煤梵天」と呼ばれ、お祓いの呪力があるともいわれていました。煤払いに使われた煤竹は神聖視され、小正月の火祭りで燃やされました。東北の一部では「煤男《すすおとこ》」と呼び、庭などに立てて注連縄《しめなわ》が張られました。

煤払いの移り変わり

平安時代の厄払いの宮中行事から、幕府が「江戸城御煤納めの日」と定めて庶民へと広がり、今日の「大掃除」へと姿を変えながら私たちの暮らしの中に根付いています。

平安時代
宮中行事
厄払いの儀式

→

室町時代
神社仏閣を
中心に仏像や
本堂を清める
行事

→

江戸時代
幕府が「江戸城御煤
納めの日」を定め、
藩邸や武家屋敷も
こぞって大掃除

↓

江戸市中の庶民へ伝わる

運気UP!!

●家を清めて新年の準備！
●清潔な家には歳神様が来る！

古い道具が妖怪になる!?
室町時代の絵巻物「付喪神絵巻《つくもがみえまき》」には、作られて100年が過ぎた道具には魂が宿り、人を惑わす付喪神となるため、人々は煤払いの際に古い道具を捨てていたとあります。

Winter Tradition

12月22日頃

冬至《とうじ》

太陽が生まれ変わる!?

冬至は1年のうちでもっとも夜が長く、昼間が短い日なので、この日を境に日照時間は長くなっていきます。**そのために「太陽の復活する日」として、世界各地でさまざまな祝いの行事が行なわれました。**

古代中国では太陽進行の始まりとして暦を計算する起点とし、歴代皇帝は「冬至節《せつ》」の儀式を行なって天を祀りました。日本でも、奈良時代から宮中で冬至節の儀式が取り入れられています。イエス・キリストの誕生日とされるクリスマスも、古くからヨーロッパに伝わる冬至を祝う祭りに由来するともいわれています。

冬至に行なわれる風習のひとつが「柚子湯」です。**冬至に柚子湯に入ると風邪を引かないという伝承が江戸時代に広まり、体調を崩しやすい季節の変わり目に身を清め、用心するための習わしとして普及しました。**実際、柚子には血行促進作用があり、冷え性や神経痛などの緩和が期待できます。また季節の境である端午の節句の「菖蒲湯《しょうぶゆ》」も、同じ理由で広まっています。

また冬至には「ん」のつく食べ物を食べると幸運につながるといわれています。代表的なのが「南瓜（なんきん）」とも呼ばれるカボチャです。これにレンコン、ギンナン、キンカン、カンテン、ニンジン、うどんを加えて冬至の七種《くさ》と呼ばれます。また、小豆《あずき》がゆや小豆団子を食べる風習もあり、これは小豆の赤い色が邪気を祓《はら》うという言い伝えが由来になっています。

柚子《ゆず》湯にゆっくりつかり、冬至カボチャを食べて、長い夜にゆっくり運気も復活。

豆知識

冬至は「一陽来復《いちようらいふく》」の日でもあります。1年のうちでもっとも夜が長く、昼間が短い、つまり太陽の力が弱まったあとに回復していくことから、この日を境に運が向き、さまざまなことが上昇する日とされます。冬が終わり春になる、これから幸運が訪れるといったポジティブな意味がある言葉です。

冬至のならわしあれこれ

昔から冬至の日にするとよいと伝わるならわしがあります。どれも厳しくなる寒さを乗り越えるための体にやさしいしきたりです。

柚子湯

冬至の日に柚子湯に入ると風邪を引かない、ひびやあかぎれに効くといった言い伝えがあります。さわやかな柚子の香りのお風呂を楽しみましょう。血行促進効果で湯上り後もポカポカです。

半分か輪切りでも
肌が弱い人は汁を搾って入れても

冬至の食べ物

冬至の日には、カボチャ（南瓜）やレンコンなど「ん」のつく食べ物を食べると運が呼び込めるとされ、運盛りといって縁起をかついでいました。

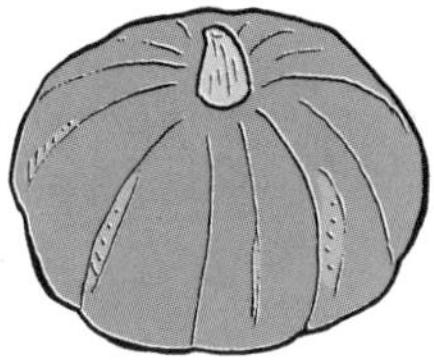

カボチャ（南瓜）

免疫力を高めるカロテンやビタミン類が豊富。熟しているほうが甘味も強く、栄養価もアップ！

レンコン

「ん」が2つもつく縁起物。ビタミンCが豊富で、疲労回復、かぜの予防、ガン予防、老化防止に効果があります。

小豆がゆ

赤い色が邪気を祓う小豆も冬至の縁起のいい食べ物です。良質なタンパク質や植物繊維、ポリフェノールなどの栄養が豊富。

運気UP!!

- 復活する太陽のパワーをいただく！
- 一陽来復で運気、金運向上！

Winter Tradition

12月28日
までに

歳神様をお迎えする
正月飾り

**それぞれに大切な意味を持つ
おめでたい正月飾りで
歳神様を迎えるしきたり。**

　クリスマスが過ぎ、いよいよ師の走る足音も加速を極めるころ、家々の玄関先や商店の店先、街中のビルの入り口には**正月を迎えるための正月飾りが飾られ始めます。**これら正月飾りはなぜ飾られるのでしょうか。昔からのならわしだから、縁起物《えんぎもの》だから、はたまた正月気分が盛り上がるからと、なんとなく習慣のように飾ってはいないでしょうか。

　門松《かどまつ》や注連飾《しめかざ》り、鏡餅《かがみもち》の正月飾りには、それぞれに大切な意味があります。**もともとお正月とは、新年に幸運をもたらす歳神様をお迎えし祀るための行事でした。**歳神様は穀物に実りをもたらす穀物神で「正月様」「歳徳神《としとくじん》」とも呼ばれ、地方によっては「お歳徳《とんど》さん」「恵方様」「トシドン」「歳爺さん」など、かなり親しみを持って呼ばれているようです。また、歳神様は先祖の霊とも考えられていました。

　そんな家々に幸せをもたらしてくれるありがたい歳神様が家に降りてくるときの目印として門松が、そこが歳神様を迎えるにふさわしい神聖な場所であるということを示すために注連飾りが、歳神様へのお供え物として鏡餅が飾られました。

　これら正月飾りは12月28日までに飾るのがしきたり。その理由は29日は「二重苦」と読め、31日は「一夜飾り」となり礼を逸した行為となるためです。日は末広がりの数字である8のつく日がよいとされます。

豆知識

1月15日を小正月といい、この日に門松や注連飾り、書初めなどを焼く「左義長」が行なわれます。神社の境内や田んぼで14日の夜か15日の朝に火を焚き始めます。歳神様がこの煙で山に帰ると伝えられ、この火で焼いた餅を食べるとその年は病気しないと信じられていました。「どんと焼き」とも。

正月飾りのしきたり

新年にその年の幸運を運んでくれる歳神様をお迎えするための正月飾り。飾りひとつひとつに込められた意味を知って運気アップにつなげましょう!

門松

「神待つ木」「お松様」「門木《かどき》」とも呼ばれる門松。松に竹3本と梅の枝をあしらった「松竹梅」の門松は江戸時代の商人によって広められ、門前に一対で立てるようになったのも江戸時代以降のこと。向かって左側に雄松《おまつ》、右側に雌《め》松《まつ》が飾られます。雄松には黒松、雌松には赤松が使われます。

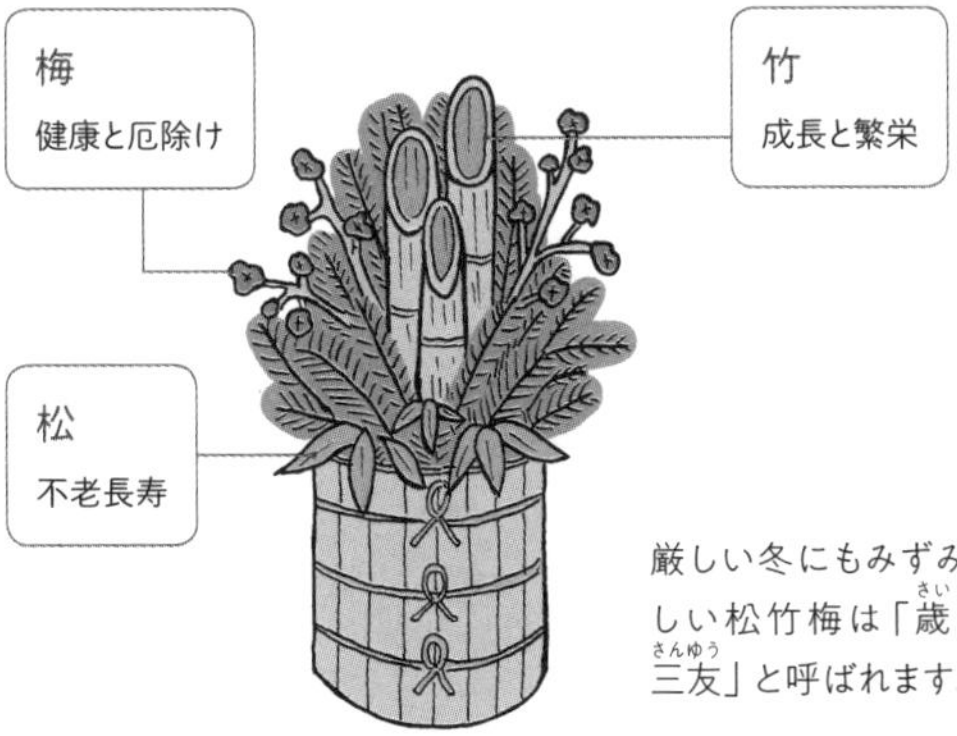

厳しい冬にもみずみずしい松竹梅は「歳《さい》寒《かんの》三友《さんゆう》」と呼ばれます。

注連飾り

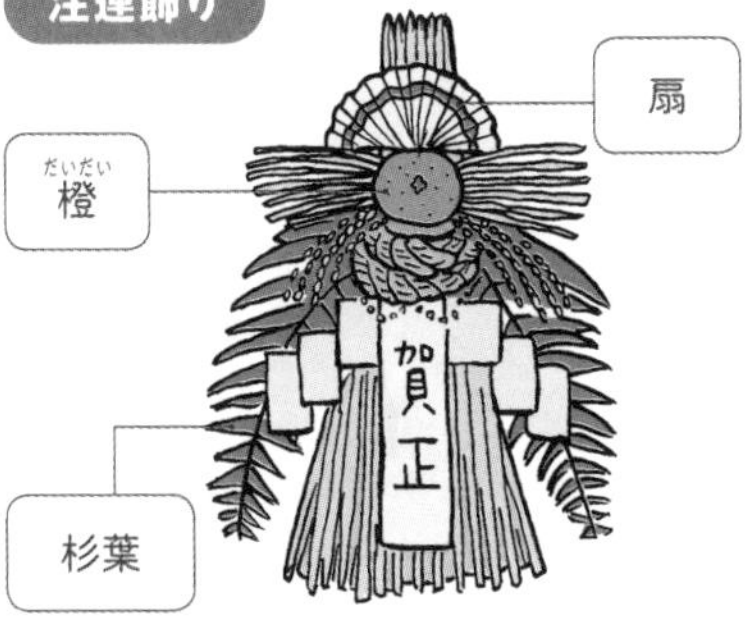

天照大神《あまてらすおおみかみ》が天岩戸《あまのいわと》に再び戻らぬよう、岩戸の入り口に注連縄《しめなわ》を渡したのが起源とされます。かつては年末に新しい注連縄を作り、家長が家の中に張っていたものが、縁起物が加えられだんだんと華やかな注連飾りとなっていきました。

鏡餅

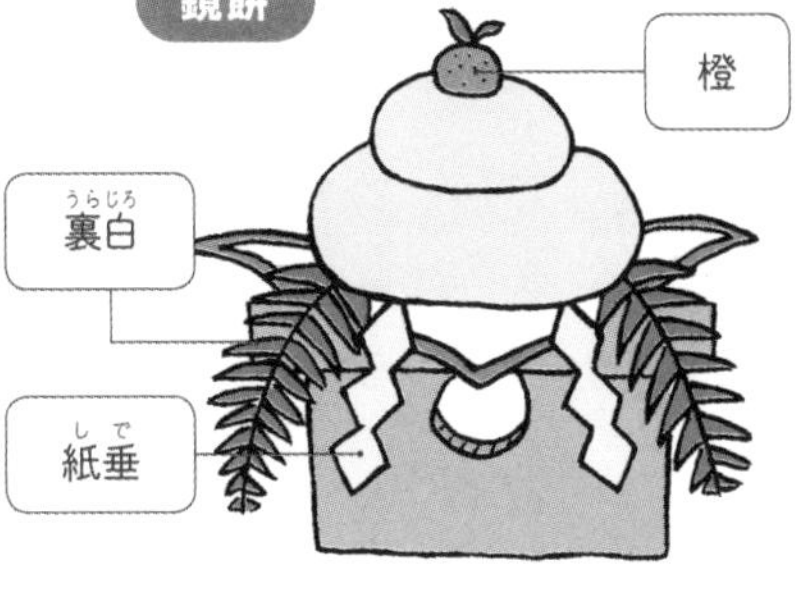

銅鏡のような丸い形が名の由来で、歳神様にお供えする神聖な食べ物とされていました。鏡餅の重なる大小の餅は月(陰)と太陽(陽)が表された縁起物とされています。1月11日の鏡開きに下げて食べることで、新しい生命力が授かるといわれています。

運気UP!!

- ●歳神様を迎えて運気アップ!
- ●縁起日の8のつく日に飾る!

京都の門松は根っこがついている!?

京都では根がついた細い若松に半紙を巻き、紅白の水引きで結んだ「根引きの松」を玄関にひとつ飾るのが一般的。「根がつきますように」との願いが込められています。

Winter Tradition

12月31日

大晦日《おおみそか》

寝ずに歳神様を待つ!?

新年を迎える前日は
歳神様の到着を待つ
1年で最も大切な日。

旧暦でいちばん最後の月を三十日月《みそかづき》といい、「晦日」はもともと「三十日」と書きました。これが転じて各月の最後の日が「晦日」と呼ばれるようになり、12月31日は1年の最終日となるので「大晦日」となりました。また、これとは別に、1ヶ月の最後の日は月の姿が隠れて見えなくなることにちなむ「つごもり」という呼び名もあります。月が隠れてしまい見えないことを意味する「月隠《つきごもり》」が転じたもので、1年の最終日は「大つごもり」ともいいます。

この1年最後の日から新しい年の元旦（正月1日の朝を指す）までの間を「年越し」と呼び、年を超える境目は「除夜」といわれ、旧年の災いを除くということを意味します。旧暦では日の入り（日没）から1日が始まると考えられ、除夜は新年ということになり、歳神様を迎える日の出までに前の年の罪を消滅させる除夜の鐘がつかれました。

年越しの夜は歳神様をお迎えして歳魂《としだま》をいただくため、一晩中起きているのがしきたりでした。新年の準備をすべて済ませ、身と心を清めて歳神様が降りてこられるのを待ちます。この夜に早寝をすることは歳神様に失礼にあたると考えられ、白髪やシワが増えて老け込むという言い伝えがあるそうです。そんなことにならぬよう、新年の幸運を歳神様からしっかり受け取れるよう、ここはせめて除夜の鐘が鳴り終わるぐらいまでは起きておくとしましょう。

豆知識

大晦日の夜に縁起物を入れた「年取り膳」をいただき、歳神様を迎える風習があります。年取りとは、歳神様にお供えするものと同じものを食べることでひとつ歳を取るという意味。膳には「年取り魚」が必ず用意され、東日本では鮭、西日本では出世魚のブリが食べられました。新潟県や長野県などで行なわれています。

年越しそばと除夜の鐘

年越しそばも除夜の鐘も大晦日の晩に行なうおなじみのならわしですが、どうしてそばを食べるのか？　なぜ108回なのか？

年越しそば

「三十日そば」「つごもりそば」ともいわれ、忙しい商家で夜遅くにそばを食べていた習慣に始まるともいわれます。しかし全国的に広まったのは比較的新しく昭和40年代のことだとか。細く長いことから健康長寿、家運長命などとされ、また、金細工師が飛び散った金粉をそば粉を丸めて集めたことから「金を集める」縁起物となったという説もあります。

いつ食べる？

実は特に決まりはなく、31日中ならいつ食べてもよいのだとか。ただ「年越し」ということから夜10～11時過ぎに紅白を見ながら夕食とは別に食べる人が多いそう

なぜ食べる？

細く長いそばから長寿祈願、切れやすいそばから1年の厄を断ち切るためとも。また鎌倉時代にそば餅を食べた町人が幸運にめぐまれ「運そば」「福そば」と呼ばれるからとも

除夜の鐘

大晦日の夜、深夜0時をまたいでつかれる除夜の鐘。除夜の鐘は108回つき鳴らされますが、人の煩悩には108種類あるという仏教の教えに基づきます。人の心を悩ます悪しき心を煩悩といい、それと同じ数の鐘をつくことで前の年の罪業を消し、欲や執着を断ち切って新年を迎えるという意味を持ちます。

運気UP!!

●そばを食べて運気アップ！

●除夜の鐘で罪業消滅！

いつから始まった？

中国の宋の時代に始まり、もとは冬至前夜に宮中での悪鬼を祓う行事でした。日本では鎌倉時代以降に禅寺で毎朝晩に108回の鐘をついたことが始まりといわれます

Winter Tradition

1月1～3日

お正月

歳神様がやって来る！

幸運と繁栄をもたらす
歳神様をお迎えして
祝う新しい年の幕開け。

1年の幕開けであるお正月は、たくさんのお祝い事が目白押しです。注連飾りを吊《つる》し、門松を立て、鏡餅を飾り、お節料理やお雑煮《ぞうに》を食べてお屠蘇《とそ》を飲む。子どもたちはお年玉をもらい、ご馳走を食べたあとに初詣《はつもうで》に行く。ほかにも多くの行事があり、それだけお正月は、一年中でもっとも特別な日といえるでしょう。

もともとお正月は新しい年の豊作や幸運をもたらしてくれる「歳神様」をお迎えする行事でした。 お正月のお飾りも、歳神様が降りてくるときの目印である門松、神聖な場所を示す注連飾り、年神様に捧げる食べ物である鏡餅というように、それぞれに意味があります（88ページ）。

この歳神様は「正月様」「歳徳神」とも呼ばれ、先祖の霊とする説もあります。 つまりお正月と夏のお盆は一対で、夏のお盆が仏教的な意味合いを強めるにしたがい、お正月は先祖の霊を神様として迎える日として定着していきました。また先祖の霊は、春に里に降りてきて田の神になり、収穫の終わった秋には山に帰って山の神となり、正月には歳神様となって訪れてくるとも考えられました。

1月1日の朝を意味する「元旦」から7日の「松の内」まで歳神様は家にいるとされています。 3が日を過ぎればすぐに仕事という人も、松の内は年神様が滞在しているという意識を持ってお祀りすれば、1年間の幸運をもたらしてくれることでしょう。

豆知識

お正月の子どもたちの最大のお楽しみ「お年玉」。そのルーツは歳神様へのお供え物の丸いお餅。もともとは「御歳魂《おとしだま》」といい、歳神様にお供えした餅をおろして年少者に分け与えたのが始まり。室町時代にはお酒や筆、硯《すずり》などを贈りあう習慣となり、江戸時代になって現在のような金銭になったということです。

「初」のつくしきたり

新しい年のスタートには、さまざまな「初」がつくしきたりがあります。「初詣」や「初日の出」「初夢」「初遊び」などなど。年の始めのしきたりです。

初日の出

年が改まった新年最初の朝に昇る太陽が「初日の出」です。「御来光《ごらいこう》」ともいい、これを拝み新しい年の幸運を祈るしきたりがあります。高い山の山頂で迎える御来光は特別にありがたいものとされています。

初夢

新しい年を迎えて初めて見る夢を「初夢」といいます。日付には諸説ありますが、1月2日の夜に見る夢をいうのが一般的です。夢の内容でその年の運勢を占います。「一富士、二鷹、三茄子《なすび》」を見ると縁起がいいといわれます。

初夢のしきたり❶

壁に絵を飾る

寝る部屋に富士山など、縁起のいい絵を飾ります

初夢のしきたり❷

布団にこだわる

布団の柄は、魔除け効果があるといわれる吉祥文様《きっしょうもんよう》の布団がよいといわれています

初夢のしきたり❸

枕の下に七福神の絵を入れる

七福神の絵を枕の下に置いておくといい夢が見られるとされています

運気UP!!

- 歳神様と一緒に静かに過ごす
- 初日の出を拝んで運気祈願!
- 新年には「初」を楽しむ!

おめでたい言葉を書こう

小学校の冬休みの宿題で書初《ぞ》めをした人も多いと思います。新年の抱負や目標を書く人もいますが、書初めは本来「富士山」や「日の出」「松竹梅」などおめでたい言葉を書くとよいでしょう。

Winter Tradition

1月1〜3日

縁起物が詰まったごちそう

おせち料理

すべてに縁起がかつがれた運気満載のおせち料理を歳神様と一緒にいただく。

　おせち料理の「おせち」とは「御節供《おせちく》」を略したもので、漢字で書くと「御節《おせち》」となります。おせち料理は元来、季節の節目となる節日《せちび》（元日と五節句）に神様にお供えして食べられていたものでしたが、最も大切な日とされるお正月の料理を特におせち料理と呼ぶようになりました。お正月のおせち料理は、歳神様にお供えしたごちそうをおさがりとしていただき、無病息災や家内安全などを願うならわしです。また、歳神様をお迎えする正月の間は煮炊きなどの炊事を慎《つつし》むというしきたりにもよります。

　おせち料理は縁起をかついだ山海の幸をお重に詰めるのがならわしで、重箱に詰めるのは「めでたさを重ねる」という意味から。一の重から与の重までの4段が正式で、「完全」を表す3の数字にひとつ重ねるという意味があり、4段目を与の重というのは「四《し》」の音が「死」に通じるためです。料理の品数も奇数の3、5、7などにすると縁起がよいとされています。

　ほぼ定番の料理が詰められることが多く、関東では黒豆・数の子・ごまめ、関西では黒豆、数の子、たたきごぼうが欠かせないものとなっています。「三つ肴《さかな》（祝い肴三種）」といわれ、五穀豊穣と子孫繁栄を願う縁起物です。

　お正月には両端が細くなっている「祝い箸《ばし》」が使われますが、箸の一方を歳神様、もう一方を人が使い、神様とともに食事をする「神人共《しんじんきょう》食《しょく》」を意味しています。

豆知識

お正月のもうひとつの定番料理にお雑煮があります。調理法や味付けは地域や家庭でさまざまですが、入れるお餅の形と食べ方で西東に分かれます。東日本では角形の切り餅を一度焼いてからだしに入れますが、西日本では丸餅を焼かずにだしに入れて煮ます。お雑煮の起源は、室町時代に宴席で出されていたものとか。

お重の中身とそれぞれの意味

地域によって異なりますが、どの段に何を詰めるかは決まりがあり、しきたりにそって詰められてきました。それぞれのお料理にも意味があります。

一の重

お酒をいただくための「祝い肴・口取り」。健康でマメに暮らせるように願う黒豆、豊作を願う田作り、子孫繁栄を願う数の子、紅白かまぼこ、伊達巻、よろこぶの昆布巻き、金運上昇の栗きんとんなどを詰めます。

二の重

「焼き物」を詰めます。恵比寿様が釣り上げた魚でめでたいに通じる鯛、出世魚のブリ、長寿を表す腰の曲がった姿のエビなど、海の幸を中心に詰めます。

三の重

「煮物」を詰めます。先が見通せるレンコンや子孫繁栄を願うサトイモ、大きな芽が出てめでたいクワイ、ゴボウなどのお煮しめをたっぷり詰めます。

与の重

「酢の物」を詰めます。ニンジンの赤、大根の白から水引につながる紅白なます、寿命を延ばすといわれる菊の花に見立てた菊花カブ、酢だこなどを詰めます。

運気UP!!

- 縁起物を食べて運気上昇！
- 体の中に運気をチャージ！

不老長寿を願う薬酒「お屠蘇」

元旦から三が日に飲まれるお屠蘇は、平安時代に中国から伝わった薬酒。薬草を合わせた屠《と》蘇《そ》散《さん》を清酒やみりんに浸して作ります。魔除けと長寿を願い年少者から順に飲みます。

Winter Tradition

1月1~7日

初詣《はつもうで》

恵方参りがはじまり!?

**年の初めの神様へのご挨拶
幸運、健康運、金運も……、
すべての運気アップを祈願!**

年の初めに神社やお寺に参拝する行事が一般に広まったのは、江戸時代後半からだといわれています。このころ、縁起がいいとされる方角にある神社仏閣にお参りする「恵方詣《えほうもうで》」が流行し、それが現在の初詣につながりました。

もともとお正月は歳神様をお迎えする日なので、自宅にこもって外出しないのがならわしでした。大晦日の夜にお参りする「除夜詣」や新年まで神社にこもる「年ごもり」の風習も見られましたが、夜が明けて家に帰ると、そのまま過ごすというのが一般的だったようです。いまのような初詣の形になったのは明治時代に入ってから。鉄道網が発達し、電鉄会社が乗客獲得のために行なったキャンペーンがきっかけです。

神社の参拝には作法があり、神前では「2拝2拍手《はくしゅ》1拝」が基本です。お寺では拍手《かしわで》を打たず合掌します。「おみくじ」は大吉ならば家に持ち帰り、それ以外は木に結ぶともいわれていますが、特に決まりはありません。ただ、指定された以外の場所に結ぶのはやめましょう。縁起物の「破魔矢《はまや》」は正月に矢を射る行事で用いられたもの。「魔を射る」という名前から厄除けの効果があるといわれています。

意外に歴史の浅い初詣ですが、特別な日にお参りするのは大切なしきたりです。3が日を過ぎても運気が落ちることはないので、人混みを避けたいのなら、人出が落ち着いたころに参拝するのがよいでしょう。

豆知識

初詣で新年の吉凶を占うおみくじを引く方も多いと思います。おみくじの運のよい順は、「大吉>吉>中吉>小吉>末吉>凶」で、これに大凶を加えた7種類のところも。おみくじは占いとは意味合いは少し違います。その内容を指針とするのが大切です。吉凶にまどわされず、神様からのメッセージを受け取りましょう。

初詣の作法

初詣で神様・仏様にお願いをするときには、作法やしきたりがあります。参拝する際にはそれらを守って、失礼のないようにしたいものです。

鳥居

鳥居は参拝者の穢れを祓うものです。お参りするときは神社のいちばん外側にある一の鳥居から順にくぐって参道に入ります。神様の通り道として中央を避けて通りましょう。鳥居をくぐるときは衣服を整え、軽く一礼します。

参拝

最初に軽く一礼してからお賽銭を入れ、鈴を鳴らします。深く2度お辞儀（2拝）をし、両手を胸の高さに合わせて2回拍手（2拍手）を打ちます。両手を合わせ祈ったあと、もう一度深いお辞儀（1拝）をします。

手水舎《ちょうずや》

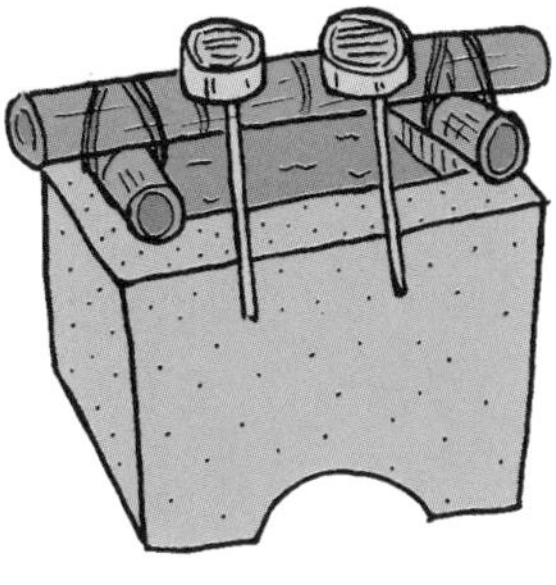

手水舎では、左手→右手→口の順に清めていきます。口をすすぐときには左手で水を受けてすすぎ、口をつけた左手とひしゃくをもう一度清めます。

運気UP!!

- 神様に年の初めのごあいさつ！
- 心身を引き締めてお参りを
- おみくじは新年の指針に！

お賽銭《さいせん》は5円？

お賽銭箱にお金を入れるようになったのはそう古いことではなく、もともとは山海の幸やお米を白紙で巻いて包んだ「おひねり」を供えていました。また、お賽銭の金額に決まりはありせん。5円＝ご縁は単に語呂合わせです。

Winter Tradition

1月7日

ヘルシーなしきたり

七草《ななくさ》がゆ

**体の中から健康運を上げる
疲れた胃腸にやさしく
ヘルシーな七草パワー。**

「七日《なぬか》正月」ともいわれる1月7日は、五節句のひとつ「人日《じんじつ》の節句」です。6日の夜から7日の朝までを「六日《むいか》年越し」「六日年取り」と呼び、**正月七日の朝には7種類の若菜を炊き込んだ七草がゆを食べます。**若菜の生命力を体の中に取り入れて、無病息災を祈りました。

七草がゆは、中国の官吏《かんり》が昇進の決まる1月7日に薬草の若菜を食べて立身出世を願ったのがそもそもの始まりといわれています。それが日本に伝わり、平安時代に宮中行事として行なわれるようになりました。当時は七草を汁に入れて食べるならわしでしたが、やがてかゆに入れて食べるようになり、江戸時代には幕府の公式行事に取り入れられました。一般家庭に七草がゆの風習が広まったのもこの頃です。

6日の昼に七草を摘《つ》んで、7日の朝の朝食として食べられました。春の七草は地域で多少異なりますが**「せり、なずな、ごぎょう、はこべら、ほとけのざ、すずな、すずしろ、これぞ七草」と和歌で歌われるこれらが一般的です。**七草を調理する際には、できるだけ大きな音を立ててまな板をたたき、刻《きざ》むのがしきたり。お囃《はや》子《し》まであるそうです。実はこうすることで七草の栄養価を引き出し、余すことなく体内に取り入れる効果も。青葉の少ない冬場のビタミン補給と、お正月のごちそうで疲れた胃腸をいたわる先人の知恵の詰まった七草がゆで、体の中の健康パワーをチャージしましょう。

豆知識

七草がゆを作るときには、七草囃子を唱えながら刻むしきたりがあります。地域や地方によって歌詞は異なりますが、「七草なずな唐土《とんど》の鳥が日本の土地に渡らぬ先に七草たたくストトントン」というもの。この言葉を繰り返し唱えますが、夜通し唱える説や刻む回数が決まっている説などがあります。

春の七草の効能

秋の七草は観賞用ですが、春のは食べる七草です。ビタミン不足になる冬の栄養補給の理にかなった先人の知恵です。また、万病除けや邪気祓いの意味もありました。

すずな
別名はカブ。便秘予防や成人病予防に効果があるとされ、食用となる根には消化を助ける成分が含まれます

なずな
利尿、解毒作用に優れ、腎臓や肝臓機能を整える効果があるとされます

ほとけのざ
高血圧予防に効果があるといわれます

せり
ビタミンCやミネラルが豊富に含まれています

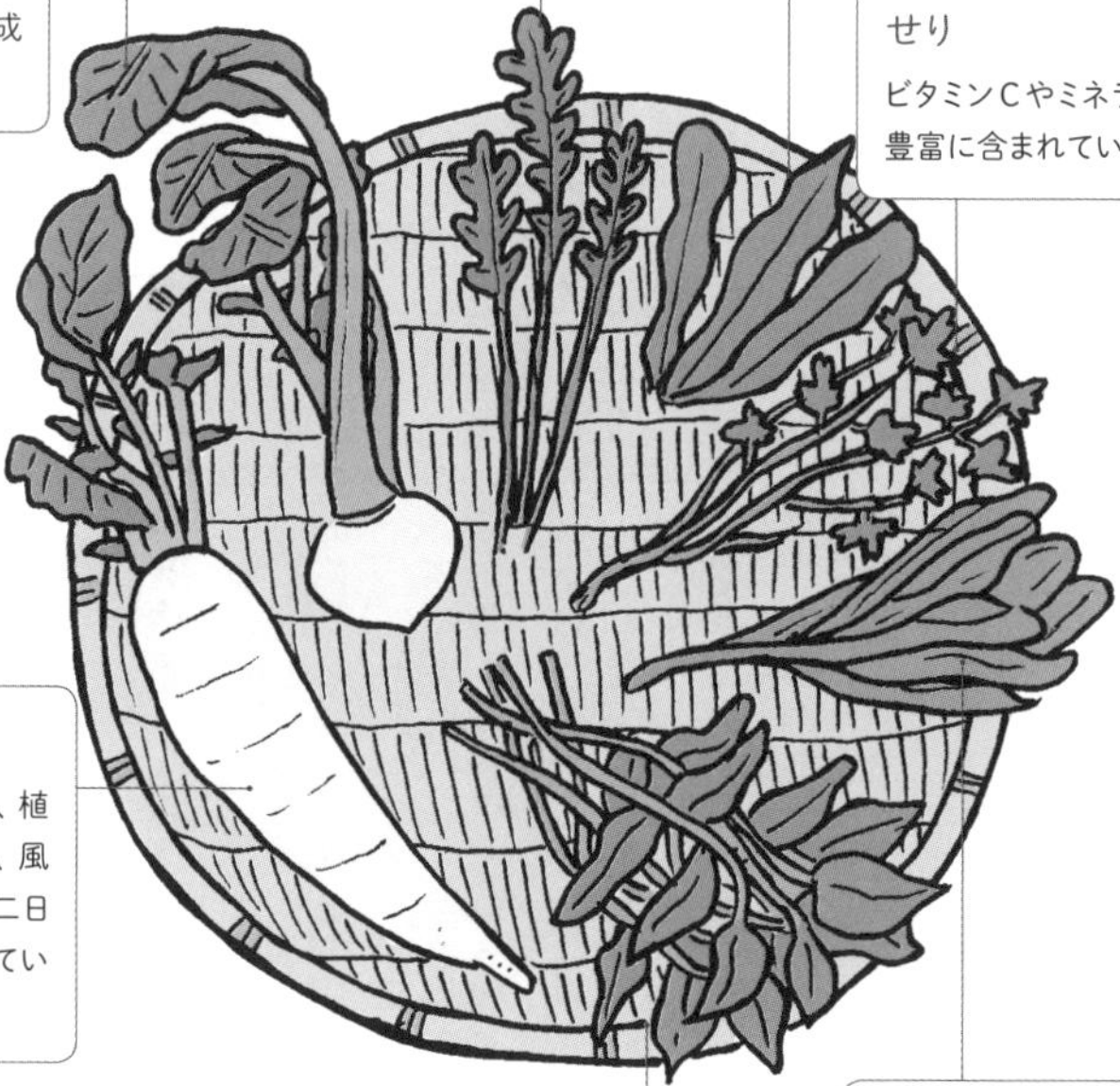

すずしろ
ビタミンCや鉄分、植物繊維が豊富で、風の予防や消化、二日酔いに良いとされています。別名は大根

はこべら
「はこべ」とも呼ばれ、止血作用や利尿効果のほか、歯茎や皮膚のはれや痛み止めに効くといわれています

ごぎょう
咳《せき》やたんを取り除き、のどの痛みを抑える効果があるといわれています

運気UP!!

- 日本古来のヘルシーメニュー!
- 七草の生命力を取り込む

医食同源の伝統食

春の七草は胃腸を整える薬草のような働きがあり、食欲を増進する効果があるといわれます。医学的にも糖尿病の合併症予防や活性酵素を除去する働きが報告されています。

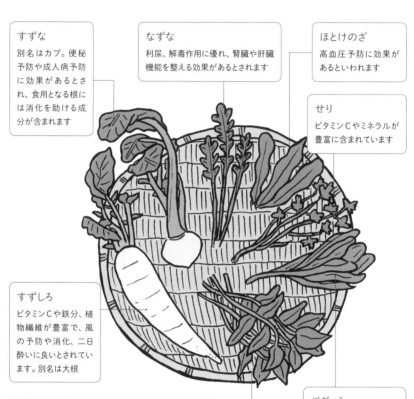

Winter Tradition

1月第2月曜

成人式

冠婚葬祭の「冠」

**大人になるキミも
わが子が大人になるアナタも
運気は自己責任で上げる!?**

冠婚葬祭の「冠」には、元服《げんぷく》という意味があり、**かつて日本の男子は成人の儀式として「冠《かんむり》」や「烏帽子《えぼし》」をかぶりました。**これが冠の意味で、現代では人生の大切な節目を冠の行事とし、成人式はまさしく冠の儀式です。

　現在の日本では20歳になると成人と認められ、**1月の第2月曜日に成人式が行なわれます。**このときの衣装や髪形に決まりはありませんが、ほとんどの女子は華やかな振袖《ふりそで》姿です。それに対して男子は羽織袴《はおりはかま》のほか、スーツ姿で式に出席する場合が多いようです。

　さて、かつての成人式である元服の儀式では前述したとおり男子ははじめて冠をかぶる「**烏帽子着《えぼしぎ》の祝い**」が行なわれ、女子ははじめてお歯黒《はぐろ》を塗る「**鉄漿付け《かねつけ》祝い**」や眉剃《まゆそ》りが行なわれました。これ以外にも男子は童名《どうみょう》から大人の名に変わる、髪形を変える、女子は髪を結いあげる「**髪上げ**」や裳《も》という衣装を着ることが許される「**裳着《もぎ》**」という儀式を行なうことで成人とされました。これらは15歳前後で行なわれ、成人したことを外見からもはっきり示すことで大人になったことを本人に自覚させる意味もあったようです。

　ちなみに、行政による成人式の始まりは昭和21（１９４６）年11月22日に埼玉県蕨《わらび》市で「**第1回青年祭**」として行なわれた青年式といわれます。蕨市では現在もこの名称で行なわれています。

豆知識

成人の日はいつ? と問われたら「1月15日」と答える人は多いのでは。実際、昭和23（1948）年に1月15日が「成人の日」として国民の休日に。しかし平成11（1999）年までで、現在は1月の第2月曜日。変更の背景には「ハッピーマンデー制度」があり、観光・運輸業活性化の目的で連休を増やすために月曜日に変更されました。

元服と成人式

昔は今よりもかなり早い段階で成人とされ、名や外見を変え大人の仲間入りをしていました。髪形を変えたり眉を剃ったり、昨日と違う自分にかなり戸惑ったのでは!?

元服

元服は平安よりさらに古い時代から行なわれている儀式で、元服を迎えた男子は烏帽子という冠をかぶる儀式を行ない、親から一字をもらって改名することで大人となりました。女子は平安時代には垂らしていた前髪を結い上げ、正装である裳を着用しました。

男子の元服

元服は公家や武家の儀式で、民間では数え年15~17歳頃に男子ははじめてふんどしを締める「褌《ふんどし》祝い」が行なわれていました。

女子の裳着

民間の女子の成人式としては、腰巻「湯文字《ゆもじ》」をはじめてつける「湯文字祝い」という祝い事が催されていたそうです。

成人式

現在、日本では満20歳が民法で定められた社会的に大人として認められる節目の年齢となっています(2022年4月1日以降、満18歳に改定)。多くの女子が成人式に振袖の晴れ着を着ますが、振袖を着るならわしが広まったのは1960年代の高度成長期以降のことといわれます。

運気UP!!

- 大人の仲間入りで運気アップ
- 心身ともに大人になる!
- 新しい下着をつけて元気に!

成人式が変わる!?

成人年齢を引き下げる民法改正案が可決され、満18歳で成人に。現在の成人式はちょうど大学受験のあたりなので、もしかしたら成人式も大きく変わるかもしれませんね。

Winter Tradition

2月3日

節分

鬼を追い出し福を呼ぶ！

鬼を追い出し福を招き、福豆を食べて福茶を飲む。福だらけで運気もアップ!?

節分とは季節の変わり目を指す言葉で、季節（節）を分ける（分）が本来の意味。かつては季節の始まりである立春、立夏、立秋、立冬の前日はすべて節分と呼ばれていました。それが旧暦では立春の前後に新しい年となることから、特別な節目として立春の前日の節分だけが「節分」といわれるようになりました。

季節の変わり目に疫病《えきびょう》や災《わざわ》いを持ってやってくる鬼を祓う「追儺《ついな》」という古代中国の儀式が豆まきの起源といわれ、日本には奈良時代に伝わり、平安時代には宮廷の年中行事として行なわれていました。鬼の面をつけた人を邪気に見立て、弓を鳴らして追い払う行事で「鬼遣《おにやらい》」とも呼ばれていました。現在のように炒《い》った大豆をまくようになったのは室町時代のことで、江戸時代になって広く庶民の間でも行なわれるようになりました。

鬼を追い払う豆は、五穀の中でも霊力が宿るといわれる大豆で、豆が「魔滅《まめ》」、豆を炒ることは「魔目（鬼の目）を射る」ということに通じます。前日の夜に炒った豆を神棚にお供えするのがしきたりで、この豆を「福豆」といいます。豆を炒るのは、拾い忘れた豆が芽を出すとよくないことが起きるとされているため。豆をまくのは一家の長、または年男《としおとこ》、年女《としおんな》も吉とされています。鬼は邪気や病気、災害を象徴するもの。立春を前にそんな鬼(邪気)を追い払って、家の中に福を呼び込みましょう。

豆知識

節分の豆まきでは、自分の年と同じ、あるいはひとつ加えた数の豆を食べる「年取り豆」というならわしがあります。しかし、年を重ねるごとに食べる数が増え、そんなにたくさん食べられないお年寄りなどには、きなこ餅や年の数の豆に熱いお茶を注いで飲む「福茶」があります。豆を食べるのと同じご利益があります。

豆まきの作法

豆まきで鬼を追い出し、福を招き入れるには作法としきたりがあります。豆まきの正しい方法をマスターして、鬼は逃して福は逃さずしっかりキャッチしましょう。

① 福豆を準備

豆は前日の夜に神棚に供えるのがしきたり。神棚がない場合は、部屋の南側の目線の高いところに白い紙を敷いてお供えしておきます。

豆を入れる「節分枡《せつぶんます》」。枡はもともと穀物などを計る道具として使われていましたが、「ます」という読みが「増す」や「益す」に通じ、「幸福が増す」「益々めでたい」につながる縁起物と考えられるようになりました。また、節分の鬼は「邪気」を具現化したもので、豆で邪気を払うという意味から特に鬼役はなくてもよいようです。

② 玄関や窓を開け、豆は夜にまく

玄関や家じゅうの窓を開け放ち、「鬼は外!」「福は内!」と2回ずつ唱えながら、一家の長が奥の部屋から外と内に炒った豆をまきます。夜に豆を夜まくのは、鬼が来るのが夜だからです。

③ 家の中にまいて戸や窓を閉める

奥の部屋から移動しながらまき、最後は玄関から外に向かってまきます。終わったら福が出ていかないように戸や窓をすべて閉めます。閉めるときは音を立てて閉めます。

④ 満年齢＋1の数の豆を食べる

豆まきが終わったら、まいた豆を自分の年齢よりひとつ多く拾って食べます。1つ多く食べるのは新年の厄祓い。食べるのが大変なときは、豆にお茶を注いだ福茶を飲んでもOK。

運気UP!!

- 鬼を追い払って厄払い
- 福を招いて運気上昇!

鬼は臭いものがすき？きらい？

柊の小枝に焼いた鰯《いわし》の頭を串刺しにして、軒下や戸口につるす魔除けのおまじない「やいかがし」。鰯の匂いで鬼を誘い（またはその逆）、柊《ひいらぎ》のトゲで鬼の目を刺します。

Column 05

「するな」「見るな」「いうな」禁忌《きんき》のしきたり

古くから日本には「やってはいけない」「見てはいけない」「いってはいけない」というしきたりとして伝わる禁忌（タブー）があります。

●「するな」のしきたり

昔から「敷居や畳の縁《へり》を踏んではいけない」など、してはいけないといわれるしきたりは不作法《ぶさほう》をいましめ、避けるための先人の知恵です。また「夜に爪を切ってはいけない」や「夜に口笛を吹いてはいけない」なども同様です。暗がりで爪を切ることでケガをする危険を避ける、皆が寝静まる夜に口笛を吹く迷惑な行為をいましめるためのタブーといえるでしょう。

●「見るな」のしきたり

「鶴の恩返し」や「浦島太郎」など、昔話には見てはいけないものを見てしまったために悲しい結末を迎えるお話があります。また、仏像に「秘仏」とされ、お寺の僧侶でさえも見ることを禁じられたものがあります。これは見てしまったことで変化の力が失われてしまう、人の目にさらされることで神聖な力が損なわれてしまうという考えからきています。なにごとも節度を守り、社会のマナーや約束ごとを大切にするしきたりと理解しましょう。

●「いうな」のしきたり（忌《い》み数《すう》と忌み言葉）

古来、日本には言葉には魂が宿るという言霊《ことだま》思想があり、それを避けたりほかの言葉や反対の言葉に変えたりして縁起をよくするしきたりがあります。スルメは「する」が身代りをするにつながるため「アタリメ」に、結婚式では「帰る」や「去る」とせず、「お開き」にいいかえます。また数字でも4は「死」に、9は「苦」につながることから忌み数とされ避けられていました。ご祝儀《しゅうぎ》には割り切れる偶数が避けられるのも同様です。反対に3は「満つ」とされて縁起がよいとされます。

第五章

運気を上げる『人生』のしきたり

人が生まれてから亡くなるまで
その節目、節目には、
数々の大切な儀礼があります。
息災を神様に感謝し、幸運を祈る。
人生の運気を上げるしきたりです。

Tradition of the Life

人生のしきたり

人生はしきたりに始まり しきたりに終わる!?

人生の節目に訪れる通過儀礼や冠婚葬祭。大切なしきたりの儀礼です。

人が生まれてから亡くなるまでには、さまざまな人生の節目があります。**これを通過儀礼といいます。**その誕生を喜び、無事な成長と幸運や立身出世、不老長寿など多くのことを神様や仏様に祈ります。それはすべて人の営みの中で親から子、子から孫、ひ孫、そしてその先まで代々受け継がれてゆく、人が人を思う心です。その人の営みの中に、しきたりがあります。

妊娠中を無事に、出産が安産になるように祈る「帯祝い」。生まれた子の健《すこ》やかな成長を願う「お七夜」に「お宮参り」、「お食い初め」、「初節句」や「初誕生祝」。7歳までは神の子で、無事人の子として育ったことを感謝する「七五三」。大人になることを祝う「十三詣り」に「成人式」。そして、人生の大きな節目の「結婚」。

このあとも人生が続く限り、迎える儀礼は数多くあります。**自分自身の儀礼に、子ができれば子の、孫ができれば孫の儀礼も重なり、幾重にも、何回も、しきたりは再び繰り返されます。**

そしていよいよ人生の終わりを迎えても、「弔《とむら》い」というしきたりにより、この世の住人からあの世の住人となってもしきたりの中で人は生き続けていくのです。

まさに人生は、しきたりに満ちています。

日本人が脈々と受け継ぎ、大切にしてきた人生のしきたりを、「誕生」から「弔い」までの流れにそって順に追ってみましょう。

人生のカレンダー

妊娠	妊娠5ヶ月	帯祝い	妊娠5か月目の戌の日に妊婦が腹帯を巻く儀式	P108
出産	誕生	—	「へその緒(お)」は桐箱に入れて神棚へ	—
乳幼児期	3日目	三日祝い	産着(うぶぎ)を着せ、産神(うぶがみ)様に感謝し加護を祈る	—
	7日目	お七夜	命名書を神前や仏前に貼って子どもの名前を披露	P108
	30日頃	お宮参り	男児は32日目、女児は33日目に行なう	P109
	100日頃	お食い初め	一生食べ物に困らず健やかに育つよう願う	P109
	はじめての3/3、5/5	初節句	子どもが生まれてはじめて迎える節句	P110
	1歳	初誕生祝い	盛大に祝い、一升餅を背負わる	P111
子ども時代	3・5・7歳	七五三	女の子は3歳と7歳、男の子は5歳	P78・112
	3歳	入園式	幼稚園入園	P112
	6歳	卒園・入学式	幼稚園卒園・小学校入学	P112・113
	12歳	卒業式	小学校卒業	P113
	13歳	十三詣り	数え年13歳の男女が、知恵を授ける虚空蔵菩薩(こくうぞうぼさつ)にお参り	P38・113
	18歳	厄年	本厄は数えで女性19歳、男性25歳	P23
成人	20歳	成人式	1月の第2月曜日に成人式が行なわれる	P100・113
	男性31歳、女性29歳※1	結婚	夫婦となり家庭を持つ	P115
	60歳	還暦	60歳を祝う長寿のお祝い	P116
	88歳	米寿	88歳を祝う長寿のお祝い	
	100歳	白寿	100歳を祝う長寿のお祝い	
死後	男性81歳、女性87歳※2	通夜	葬儀の前夜に行なう故人を偲ぶ儀式	P118
		葬儀・告別式	冥福を祈り、最後のお別れをする儀式	P119
		出棺・火葬・骨上げ	遺族がする故人との最後のお別れの儀式	P120
		四十九日法要	故人が極楽浄土へ旅立つ日。納骨を行なうことも	

※1※2　平均年齢(2018年厚生労働省)

成長

しきたりで祝う人生の節目

人が生まれてから成人するまで、節目、節目に行なわれる数々の儀礼。特に生まれてからの1年間は目白押しです。子どもの健やかな成長と幸運を願い、昔から大切に行なわれてきたしきたりです。

多産安産の犬にあやかる
帯祝い

妊娠5ヶ月目に入った妊婦が戌《いぬ》の日に神社に安産祈願のお参りをし、腹帯を巻くしきたりで、江戸時代が起源といわれます。「岩田帯《いわたおび》」と呼ばれる腹帯の語源は「齋肌帯《いはだおび》」からきており、齋は「忌《い》み」という意味で、かつて出産は死産も多かったために穢《けが》れとみなされていました。帯を巻くことで忌みの期間が始まることを示しました。岩田という文字に変化したのは、岩のようにたくましく丈夫な子が産まれるようにとの願いが込められたという説があります。

赤ちゃんの名前を決める
お七夜

赤ちゃんの生後7日目を祝うしきたりで、平安時代の「産立《うぶだ》ちの祝い」に由来するといわれています。出産を助けてくれる産神様《うぶがみさま》は、出産後7日目まで子どもを見守り帰ってしまうといわれます。その産神様が帰ってしまう7日目に子どもに名前をつけて、土地の氏神様《うじがみさま》に人間の仲間入りを認めてもらうならわしがお七夜《しちや》です。この日は産婦にとってもひとつの区切りで、寝床を片付けて忌み期間が明ける一段階とすることがあります。

妊婦の守り神「産神様」

産神様は妊婦を守る神様です。出産が始まると降りてきて、出産後は7日間見守って帰っていくとされています。赤ちゃんが生まれたらすぐにご飯を炊き、産神様に「産飯《うぶめし》」を供えます。

晴れ着ではじめて外出

お宮参り

生後1か月を迎えた赤ちゃんが、氏神様に氏子として認めてもらうしきたりが「お宮参り」です。室町時代にのちの将軍、足利義満が生まれたときに盛大なお宮参りが行なわれ、これをきっかけに広まったといわれています。一般に男児は生後31あるいは32日目、女児は生後32あるいは33日目に行なわれます。

この日、赤ちゃんはそれまでの産着《うぶぎ》ではなく、袖のある晴れ着を着ます。氏神様に子どものお披露目をし、新しい氏子として加護を祈ります。

かつては産婦の忌み期間は75日とされ、忌み期間中の母親を除いた姑や親族が子どもを連れていくことがほとんどでした。今もお宮参りに母親ではなく、姑が子どもを抱くことが多いのはその名残ともいわれています。

わが子の健康を願う祝い膳

お食い初め

生後１００日目にわが子が一生食べ物に困らず、健やかに成長することを願うしきたりです。「百日《ももか》」「箸揃《はしぞろ》え」「箸祝い」とも呼ばれます。子どもの膳は、男の子なら朱塗り、女の子なら内側が朱塗りで外側が黒塗りのお椀を用意します。膳に並べるのは、尾頭付きの焼き魚や赤飯、吸い物などの一汁三菜。また、料理以外に歯が丈夫になるようにとの願いから「歯固《はがた》めの小石」を添えます。その場にいる年長者が「箸役」として食べさせるまねをします。

赤ちゃんのおでこに「犬」の文字

お宮参りの際、赤ちゃんのおでこに紅や墨で「犬」や「大」の文字を書く「あやつこ」という健康祈願の風習があります。これには魔除けの意味があり、よく育つ犬にあやかったユニークなしきたり。

煮物
筑前煮やカボチャの
煮物など

小石（歯固めの小石）
石のように丈夫な歯になるようにとの
願いが込められ儀礼的に添えられる

尾頭付きの魚
めでたい鯛が一般的。尾頭
付きならほかの魚でもOK

赤飯
小豆の赤い色は
邪気を祓う

香の物
漬物。家庭の手作りがよいとされる

汁物
ハマグリや鯛のお吸い物が一般的

盛大に祝うのがならわし

初節句

子どもが生まれてはじめて迎える節句。女の子は3月3日の上巳の節句（30ページ）、男の子は5月5日の端午の節句（42ページ）です。上巳の節句は、「桃の節句」「ひなまつり」ともいいます。上巳の節句にひな人形が飾られるようになったのは、平安時代の流しびなに貴族の女の子たちの遊び「雛遊び」が結びついたのが起源といわれます。端午の節句は、邪気祓いの行事で、江戸時代に武家の男子の成長を願う行事が始まりといわれています。

赤飯は魔除けのまじない食!?
赤い色に魔除けの力があるとされる赤飯。かつて宮中では、3月3日、5月5日、9月9日の節句には赤飯がふるまわれました。しかし、京都では慶事に白飯、凶事に赤飯を食べる風習があったとのことです。

初誕生祝い

無事に育った1年に感謝

数え年（38ページ）で年齢を数えていた昔は、新年になるとみな一斉に年を取るので、今のように誕生日を個々に祝う習慣はありませんでした。しかし、赤ちゃんが産まれてから満1歳を迎えた「初誕生」は特別な日として盛大に祝いました。乳児が無事に1年間育つことが大変だった昔、その後も健やかに成長してほしいとの願いからです。

祝いの席では、一升《いっしょう》のもち米でついた大きな餅《もち》を背負わせる「祝い餅」「背負い餅」と呼ばれる行事が行なわれました。子どもがその重さに大泣きするほど元気な子になるといわれています。

また、餅を踏ませる「餅踏み」や将来の職業や才能を占う「選び取り」なども行なわれます。一升餅には「一生食べ物に困らないように」との願いも込められています。

初誕生祝いで初歩き!?

子どもは初誕生で人間の仲間入りをするといわれ、それには立って歩くことが必須。祝いの席では儀礼的に歩かせました。一方で初誕生前に歩いた子どもは「鬼子《おにこ》」といわれ、わざと転ばせました。

七五三
子どもの成長に感謝する

女の子は3歳と7歳、男の子は5歳の年祝いをする「七五三」（78ページ）。起源とされる儀式は、平安時代以来の長い歴史を持ちますが、今のような形式となったのは明治以降といわれています。また、一般に定着したのはそのもっとのちの戦後からといわれています。

3歳の起源には、「髪置《かみお》き」、5歳の起源には、「袴着《はかまぎ》」、7歳の起源には、「帯解《おびと》き」という儀礼がありました。これらの儀礼は、江戸時代中期にひとつの行事にまとまったといわれています。11月15日に行なわれるようになったのも、江戸後期のことです。

入園・入学式
社会生活へはじめの一歩

幼稚園や保育園では、これまでの家庭だけでの生活から集団生活へと、はじめて社会生活に踏み出す第一歩となります。一方、小・中学校への入学は、新たな集団社会へのステップアップです。入園も入学も、子どもたちにとって大きな節目の大切な行事といえるでしょう。なお、小学校や中学校入学のお祝いをいただいたら、子ども自身からお礼を言わせるようにします。感謝とお礼といった社会生活のマナーを学べる、子どもにとってもよい機会となります。

七五三が11月15日になったワケ

七五三のお祝いが11月15日になったのは、5代将軍・綱吉の子、徳松の祝いの日にちなんだためといわれます。また、この日が神を祀る霜月の真ん中にあたり、陰陽道に由来するという説もあります。

卒園・卒業式

別れを経験する成長の節目

幼稚園や保育園ではじめての集団生活を経験し、お友だちや優しかった先生たちとの「別れ」を初めて経験する子どもたち。また、6年間という長い小学校生活を終える思春期直前の子どもたちは、卒業という儀式でまたひとつ成長の儀礼を通過します。

日本でもっとも古い卒業式といわれるのは、明治9（1876）年6月29日の陸軍戸山学校の「生徒卒業式」とされています。卒業証書授与のほか、特に優秀な生徒に銀時計などが贈られたということです。

十三詣り

知恵授けの菩薩を参る

数えで13歳の子どもたちが、旧暦の3月13日前後（新暦の4月13日）に虚空蔵《こくうぞう》菩薩《ぼさつ》を祀るお寺に参拝する行事を「十三詣り」（38ページ）といいます。「知恵参り」「知恵詣で」「知恵貰《もら》い」ともいわれ、菩薩様に知恵や記憶力を授けてもらいます。

成人式

法的にも大人となる儀礼

現在は20歳が法的にも社会的にも大人と認められる節目の年齢です。女性は華やかな振袖の晴れ着を着て、男性はスーツや羽織袴《はおりはかま》を着て各市町村で行なわれる成人式（100ページ）に出席します。令和4（2022）年4月1日には満18歳成人に、民法が140年ぶりに改正されました。

2022年4月1日に19歳の人は？

成人年齢の見直しで、2022年4月1日から成年年齢が18歳に引き下げられました。そのとき19歳の人は、その日から新成人となります。ただし、飲酒や喫煙、ギャンブルは現行の20歳のまま維持されます。

結婚

しきたりで末長く幸せに！

結婚式のスタイルやプロセスは時代とともに変化し、近年ではかなりカジュアルなものとなっています。しかし結納や結婚式というセレモニーは、人生の節目の大切なしきたりとして形を変えながら息づいています。

結納

両家を結ぶ大切な儀式

結納は婚約のしるしとして両家で贈り物を取り交わす儀式です。地方によって異なります。

《関東式の結納（9品目）》

❶**目録**　結納品の明細。品名や数を記したもの

❷**長熨斗**《ながのし》　アワビをのしたもの。不老長寿の意味

❸**金包**《きんぼう》　結納金。男性からは「御帯料《おんおびりょう》」「御帯地料《おんおびじりょう》」

❹**勝男武士**《かつおぶし》　かつお節。元気な子どもを産み育てる

❺**寿留女**《するめ》　スルメ。末永い夫婦生活を祈る

❻**子生婦**《こんぶ》　昆布。子孫繁栄

❼**友志良賀**《ともしらが》　麻糸。ともに白髪になるまで添いとげる

❽**末広**《すえひろ》　2本1組の白無地の扇《おうぎ》。末広がりの縁起物

❾**家内喜多留**《やなぎだる》　清酒。清酒料を包みます

関東式と関西式の結納形式

結納の形式は地方によりさまざまですが、大きく関東式と関西式に分かれます。関東では結納を「交わす」、関西では「納める」。関東は男女ともに結納品を用意し、関西はおもに男性が結納品を贈ります。

厳粛な誓いの儀式

結婚式

日本で行なわれる結婚式にはおもに、「神前《しんぜん》挙式」「キリスト教挙式」「仏前挙式」があります。花嫁衣装は、神前式、仏前式では白無垢《しろむく》や色打掛《いろうちかけ》を、キリスト教式ではウェディングドレスを着用するのが一般的です。

●神前挙式

戦前は多くの結婚式が家で行なわれていましたが、戦後に神社での神前挙式が広く行なわれるようになりました。明治33（1900）年に当時の皇太子（のちの大正天皇）が行なった結婚の儀が起源といわれます。お祓《はら》いのあとで斎主《さいしゅ》が祝詞《のりと》を奏し、神前に結婚を報告します。続いて三三《さんさん》九度《くど》ののち、結婚の誓いを読み上げ、玉串《たまぐし》をささげ、両家親族がお神酒《みき》を酌《く》み交わす親族杯の儀が行なわれます。

●仏前挙式

仏前式は、寺院や菩提寺《ぼだいじ》の本堂で行なわれます。挙式では、新郎新婦に式司と呼ばれる僧侶が仏前に供えてある白《しろ》房《ふさ》の念珠と赤房の念珠をそれぞれ授与します。誓いの言葉のあとには焼香を行ない、三三九度にあたる誓盃の盃《さかずき》を交わして式司の説法を聞きます。

●キリスト教挙式

教会で神父や牧師のもと行なわれる挙式です。ウェディングドレスに指輪交換、誓いのキスなど、あこがれ要素満載のスタイルです。キリスト教徒でなくても挙式できます。

結婚式NGワード

「終わる」「去る」「切る」「切れる」「別れる」「離れる」「戻す」「破れる」「滅びる」「苦しい」「薄い」「飽きる」「重ね重ね」「またまた」などは、お祝いの言葉を述べる際に使うと縁起が悪い言葉とされています。

長寿

120歳まで続く長寿祝い

「人生100年」といわれても、そんなに驚かなくなりました。長寿大国ニッポンの寿命は、これから先も延びていくでしょう。長寿のお祝いは、「還暦《かんれき》」や「喜寿」「米寿」なんてまだまだ！　120歳まであります。

還暦なんてまだまだ若造!?
長寿のお祝い

産まれてから十干と十二支を組み合わせた六十干が一巡して「本卦還り《ほんけがえり》」といわれることから、還暦祝いと呼ばれる60歳のお祝い。赤いちゃんちゃんこと頭巾《ずきん》を贈るしきたりは、あまりにも有名ですが、なぜ赤いちゃんちゃんこなのか。還暦とは「暦《こよみ》が還《かえ》る」という意味で、二度目の誕生日を迎えるから。つまり、赤ちゃんに還ることを意味し「赤ちゃんのような力をもう一度得て、元気に長生きしてほしい」という願いが込められています。この赤い色には魔除けの意味もあります。また、この還暦以降の長寿祝いは「年祝い」といわれます。現在では60歳はまだまだ現役ですが、平安時代の貴族の間では、40歳を過ぎれば「初老」となり、以降10年おきに「算賀《さんが》」と呼ばれる長寿祝いを行なっていました。

還暦のお祝いは満年齢で！

古くから使われてきた日本人の数え年。長寿のお祝いも、基本的に数え年で祝われますが、還暦のお祝いのみ、満年齢で（数え年で61歳）で行ないます。なお、120歳も同じです。

長寿祝いの名称と由来

年齢	名称	由来
61歳(60)	還暦(かんれき)	60年で生まれた年の干支に戻ることから
70歳(69)	古希(こき)	杜甫の詩にある「人生七十古来希なり」に由来。古来、70歳まで生きることはまれであったことから
77歳(76)	喜寿(きじゅ)	「喜」の字を草書体にすると「七十七」と読めることから
80歳(79)	傘寿(さんじゅ)	「傘」の字をくずすと「八十」と読めることから
81歳(80)	半寿(はんじゅ)	「半」の字を分解すると「八十一」となることから
88歳(87)	米寿(米寿)	「米」の字を分解すると「八十八」になることから
90歳(89)	卒寿(そつじゅ)	「卒」をくずすと「九十」と読めることから
99歳(98)	白寿(はくじゅ)	「百」の字から「一」を取ると「白」の字になるため
100歳(99)	百寿(ひゃくじゅ) 百賀(ひゃくが) 紀寿(きじゅ)	100歳になったお祝い。100歳以上は「百一賀」「百二賀」として毎年祝う。紀寿の「紀」は1世紀(100年)を意味する
108歳(107)	茶寿(ちゃじゅ)	「茶」の字を分解すると「十」が2つ(草冠)と「八十八」になることから
111歳(110)	皇寿(こうじゅ)	「皇」の字を分解すると「白」(九十九)と「王」(十二)になることから
121歳(120)	大還暦(だいかんれき)	60歳から干支をもう1周して2回目の還暦を迎えることから

※年齢は数え年( )内は満年齢

人生最後の儀式のしきたり

人生最後に迎えるのは、弔《とむら》いの儀礼です。臨終から納骨されるまで、故人の死を悼《いた》み、安らかに極楽浄土に旅立てるよう送るしきたりは、故人の冥福《めいふく》だけではなく、弔う遺族の心も癒《いや》します。仏式の葬送のしきたりです。

通夜

夜通し行なうのがしきたり

通夜《つや》は「夜伽《よとぎ》」「共夜《ともや》」とも呼ばれ、本来は遺族や近親者、知人友人たちも集まって夜通し行なわれるものでした。故人とひと晩をともに過ごすことで故人を偲《しの》びました。

現在でも通夜の晩は、遺族や近しい親族が枕飾りの線香とろうそくの火を絶やさないよう、故人とともに過ごすことは一般的に行なわれています。

一方で僧侶による読経《どっきょう》や、弔問客《ちょうもんきゃく》の焼香などが行なわれる通夜の儀は、夜6〜7時頃から9時ごろまでの「半通夜」が主流となっています。

●枕飾り

安置した遺体の枕元に設ける小さな祭壇。仏式ではおもに花立て、香炉、燭台《しょくだい》を白木の台に飾ります。

左から「華・炉・燭」が原則です

●通夜ぶるまい

通夜の弔問客に設けられた酒席で、故人を偲ぶとともに、故人との最後の食事という供養の意味もあります。

死者へのしきたり

看取《みと》り（臨終に立ち会う）後、箸の先につけた綿で故人の唇をぬらす「末期《まつご》の水《みず》」を家族などが行ないます。ほかにも枕飯《まくらめし》、身を清める湯灌《ゆかん》、死化粧《しにげしょう》や死装束《しにしょうぞく》などがあります。

一般的な葬儀（仏式）の流れ

葬儀：受付・開式 → 僧侶入場・読経 → 弔辞拝受 → 遺族焼香

↓

告別式：会葬者焼香 → 僧侶退場 → 弔電拝受 → 閉式

↓

出棺：出棺準備 → 寝台車搬送・見送り → **火葬・骨上げ**

↓

還骨法要・初七日法要（繰り上げ初七日法要） → **精進落とし**

※上記はイメージです。実際には住職が流れを確認し、当日の事情によって対応します

冥福を祈るお別れの儀式
葬儀・告別式

仏式の葬儀では、開式のあと僧侶入場・読経が行なわれ、弔事拝受後に遺族焼香が行なわれます。ここでいったん葬儀は終了となり、続いて告別式が執《と》り行なわれます。一般会葬者の焼香が終わると僧侶が退場し、弔電があれば披露され、閉式となります。その後、棺《ひつぎ》の中に花を入れる「別れ花」をして最後のお別れをし、出棺となります。本来、葬儀と告別式は別の儀式ですが、現在では同時に執り行なわれることが一般的となっています。

香典の意味と香典返し

本来、香典は霊前にお香を供えるという意味でした。遺族が返す香典返しは、いただいた香典の半返しとなる2分の1か、3分の1を品物で返します。最近は一律の即日返しも増えています。

火葬をしてお骨を拾う

出棺・火葬・骨上《こつあ》げ

葬儀、告別式を終えて故人の棺は出棺のため、棺の蓋《ふた》に釘を打つ「釘打ち」の儀式を行ないます。喪主《もしゅ》から順に小石で2回ずつ打ちます。出棺には親族の男性などが棺を運び、霊柩車《れいきゅうしゃ》に足から入れます。

棺が火葬炉に納められたら喪主から順に焼香します。火葬後は遺骨を竹の長い箸《はし》で拾い上げ、骨壺に納める「骨上げ」をします。喪主から順に2人1組で骨を拾います。火葬場から発行された「埋火葬許可証」は、墓地の管理者へ提出します。

この日をもって忌明けに

四十九日法要

故人が亡くなった日から49日までの期間を忌中《きちゅう》といい、四十九日法要で忌明《きあ》けとなります。四十九日は閻魔《えんま》大王の最後の裁きの日とされ、故人が極楽浄土に行けるかどうかが決まる大切な日といわれます。ですから法要の中でも四十九日法要は最も重要で、菩提寺《ぼだいじ》などに遺族や親族などが集まり、読経後に会食の席を設けます。これを「精進《しょうじん》落《お》とし」といいます。多くは納骨も行なわれ、納骨にあわせて塗りの位牌《いはい》を用意して開眼します。

三十三回忌でご先祖様に

年忌《ねんき》法要

定められた年に行なう追善《ついぜん》供養《くよう》を年忌法要といいます。一周忌は亡くなった翌年の祥月命日《しょうげつめいにち》（没後1年目の同月同日）に行なう最初の年忌法要です。以降、三回忌からは回忌数－1年目に行ないます。一般的に三回忌、七回忌、十三回忌のあと、三十三回忌（宗派により五十回忌）で弔い上げとします。これをもって亡くなった人はご先祖様となります。七回忌以降は日本独自で、法要に僧侶を招くのは江戸時代の檀家《だんか》制度に由来するといわれます。

忌引《きび》き休暇

近親者が亡くなって欠勤扱いにならない期間を「忌引き」といいます。日数は企業や組織によって異なりますが、有給とならない場合も。なお「忌引き」には葬儀のあいさつ状を証明書代わりに添付します。

◆一周忌までの法要

忌日法要	●初七日（しょなのか／7日目） 葬儀当日に行なう「繰上げ初七日」が一般的です ●四十九日（しじゅうくにち／49日目） 忌明けとなる法要で同日に納骨することが一般的 ●百か日（ひゃっかにち／100日目） 四十九日法要を過ぎて仏となった故人の供養
年忌法要	●一周忌（いっしゅうき／1年目） 一周忌法要をもって喪明けとなる
お盆法要	●新盆（にいぼん）、初盆（はつぼん） 四十九日を過ぎてはじめて迎えるお盆

◆忌中と喪中の期間

当日	49日	・・・・・・	365日	366日
死亡日	四十九日 法要			一周忌 法要
←忌中→		←喪中→		
	四十九日を過ぎると故人の霊は仏のもとに向かうとされています			一周忌が済んで忌明けとなります

◆年忌法要

時期（年数）	年忌法要
満1年目	一周忌
満2年目	三回忌
満6年目	七回忌
満12年目	十三回忌
満16年目	十七回忌

時期（年数）	年忌法要
満22年目	二十三回忌
満26年目	二十七回忌
満32年目	三十三回忌
満36年目	三十七回忌
満49年目	五十回忌

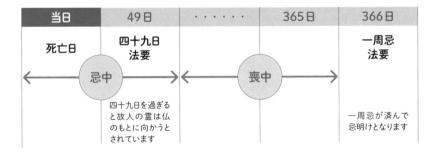

巻末付録

贈答のしきたり

お中元やお歳暮をはじめ、感謝の気持ちやお祝い事、お見舞いなど、日本には贈り物の文化があります。あらたまった贈り物には熨斗《のし》や水引《みずひき》をつけるしきたりがあり、贈り物への日本人の美しい心遣いがあります。

◆熨斗と水引

熨斗は、水引の右上の折り紙のようなもので、古くから続く伝統的な飾り。慶事の場合のみにつけるもので、弔事にはNGです。水引は和紙をとめるこよりです。結び方には種類があり、水引の本数も慶事には奇数、弔事には偶数にするのがよいとされています。

結婚

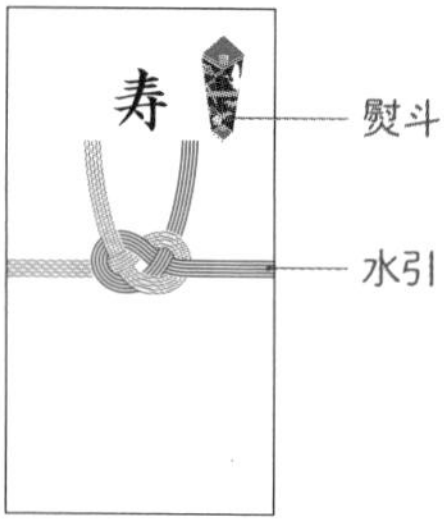

結び切りで、紅白か金銀の水引をかけます。表書きは「寿」または「結婚御祝」とします。

お祝い事

蝶結びの水引で、紅白のものをかけます。表書きは「御祝」「御入学」などと入れます。

おつきあい

紅白の蝶結びの水引で、表書きには「御礼」「御年賀」「御餞別《おせんべつ》」「内祝」などの用途を入れます。

お見舞い

御見舞の場合は水引をかけません。白い封筒あるいは左側に朱の帯が入った封筒を使うのが一般的です。

葬儀・法要

水引は結び切りで色は白黒が一般的。表書きは「御霊前」など。四十九日以降は「御仏(沸)前」となります。

＜金包みの裏側＞

慶事
「上を向くように」とのことから下側を上側にかぶせます。

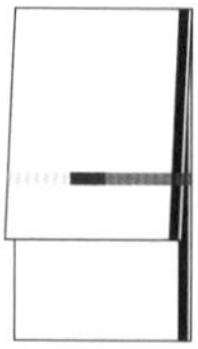

弔事
「悲しみにうつむく」ことから上側を下側にかぶせます。

◆贈り物を選ぶときは

贈り物を選ぶ際は、贈る相手に何を贈れば喜んでもらえるかを考えます。そのためには、相手の好み、家族構成、暮らしや趣味などを知っておくと選びやすいでしょう。また、現金や金券で贈る場合、それだけでは露骨すぎると感じる場合は、お花などのちょっとしたものに添えて贈る方法もあります。

◆贈り物の渡し方

熨斗のついた贈り物は、玄関先で渡すのはNG。部屋に案内されてから渡します。表書きを相手に向け、両手で差し出すのが礼儀です。

◆お返しをする際の時期と金額の目安

贈り物をいただいた際は、お返しをします。ただしお中元やお歳暮、陣中見舞いや災害見舞に対するお返しは不要です。

結婚祝い	式後1ヶ月以内。いただいた額の1/2程度の引き出物か内祝いを
法要	即日返し。金額は2000～5000円程度で
葬儀	四十九日法要後、いただいた額の1/2～1/3程度の香典返しを
お見舞い	全快後1～2週間。いただいた額の1/2～1/3程度の内祝いを
出産祝い	出産後1ヶ月以内。いただいた額の1/2～1/3程度の内祝いを
就職祝い	初任給で手みやげを購入し、できれば近況報告に伺う

＜渡し方NG 3つ＞

□ 風呂敷のまま差し出すのは失礼

□ むき出しのままは失礼。包装を

□ デパートなどの紙袋からは出す

巻末付録

手紙のしきたり

季節にあわせた時候の挨拶、用件により変える頭語《とうご》と結語《けつご》など、日本の手紙には美しいリズムとしきたりがあります。年賀状もメールで済ます時代ですが、やはり感謝の意や目上の方への挨拶などは自筆の手紙をしたためたいものです。

◆手紙の書き方

手紙の書き方にはしきたりがあります。前文（頭語・時候の挨拶・「お変わりなくお過ごしのことと…」のような安否の挨拶）→主文（用件）→末文（「ご自愛ください」などの相手の健康を気遣う言葉など）→後付け（日時・署名・宛名）→添え文（書き忘れた用件「追伸」など）といった構成でまとめます。

謹啓
新緑の候、皆様にはお変わりなくお過ごしのことと思います。

この度は私どもの結婚に際しまして、過分なお祝いを賜り誠にありがとうございました。

ささやかでございますが、お礼のしるしに心ばかりの品を別便にて送らせていただきますので、ご笑納いただけましたら幸いです。

まだまだ未熟な二人ですが、今後は二人で力を合わせ明るい家庭を築いていく所存です。

これからも変わらずご指導ご鞭撻のほどお願い申し上げます。

末筆ながら山田様ご一同様のご健康と益々のご発展を心よりお祈り申し上げます。

敬白

令和二年五月八日

佐藤太郎
花子

山田一郎様

頭語と結語

冒頭の頭語と末文の結語はセットになっています。弔事や年賀状、暑中見舞いには頭語・結語は省くのがならわしです。

●基本
拝啓→敬具

●より丁寧
謹啓→敬白

●急ぎの用件
急啓→早々

●時候の挨拶抜き
前略→早々

●女性の場合
頭語なし→かしこ

◆敬称の書き方

○○様	目上を含め、だれにでも使用できます
○○殿	目上から目下の人にのみ使用します
○○御中	会社の部署など、相手が複数の場合

◆ 時候の挨拶

時候の挨拶には昔から使われる美しいフレーズがあります。

1月(睦月)	初春の候、大寒の候、厳寒の候、松の内も明け、寒さもいよいよ厳しく
2月(如月)	立春の候、余寒の候、向春の候、まだまだ寒さ厳しい折、春寒なお厳しく
3月(弥生)	早春の候、春分の候、春色の候、日ごとに春めいてまいりました
4月(卯月)	春陽の候、春暖の候、花冷えの候、桜花爛漫の候、春たけなわの季節となりました
5月(皐月)	晩春の候、新緑の候、薫風の候、立夏の候、若葉がまぶしい季節となりました
6月(水無月)	梅雨の候、入梅の候、初夏の候、麦秋の候、向夏の候、アジサイの季節となりました
7月(文月)	盛夏の候、猛暑の候、大暑の候、七夕の候、土用の入り、暑中お見舞い申し上げます
8月(葉月)	残暑の候、晩夏の候、処暑の候、猛暑おとろえず、残暑お見舞い申し上げます
9月(長月)	初秋の候、涼風の候、秋色の候、秋の気配が深まり、朝夕は日ごとに涼しく
10月(神無月)	秋雨の候、冷秋の候、錦秋の候、秋月の候、天高く馬肥ゆる季節となりました
11月(霜月)	晩秋の候、深秋の候、木枯らしの候、向寒の候、日に日に秋が深まり
12月(師走)	師走の候、初冬の候、年末の候、何かと気ぜわしい毎日、今年も残りわずかとなって

巻末付録

食事のしきたり

家族で囲む毎日の食卓のほかにも、食事会や宴会の席など、家族以外の人たちとの会食の機会も意外と多いもの。食事のマナーはもちろん、上座と下座といった席次や食事をおいしくいただくお箸の作法など、食事のしきたりはぜひ知っておきたいものです。

◆上座《かみざ》と下座《しもざ》

座席には席次（席順）があり、昔は寄合《よりあい》などでは身分や家柄、年齢などにより席順が決められていました。これは、家族で囲炉裏《いろり》を囲む際も同様でした。現在でもお客様や目上の人が座る上座、お客様を招いた側や目下の物が座る下座のしきたりとして残っています。

和室

和室での席順は床《とこ》の間《ま》が基準です。床の間を背にした場所が上座で、以下床の間に近い順に座ります。床の間がない場合は、入口から遠い席を上座とします。

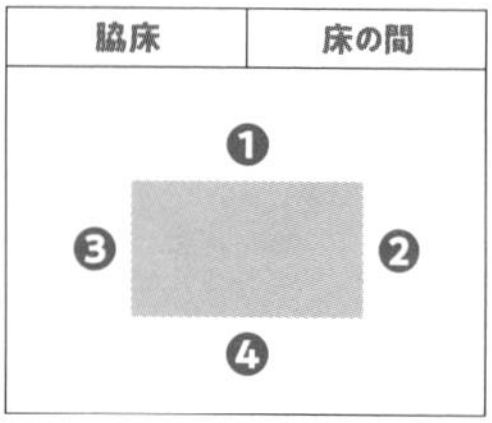

床の間に近い順に目上の者から座ります。

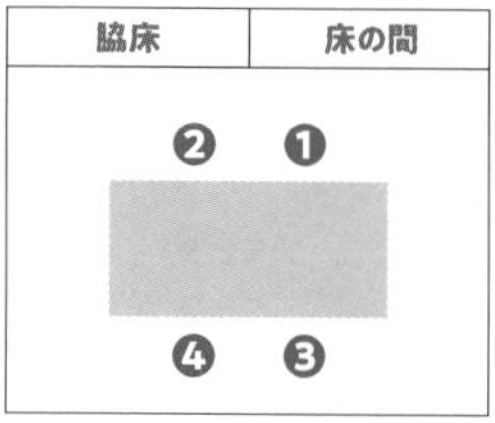

床の間にいちばん近い席が上座で、以下その隣、目の前の順です。

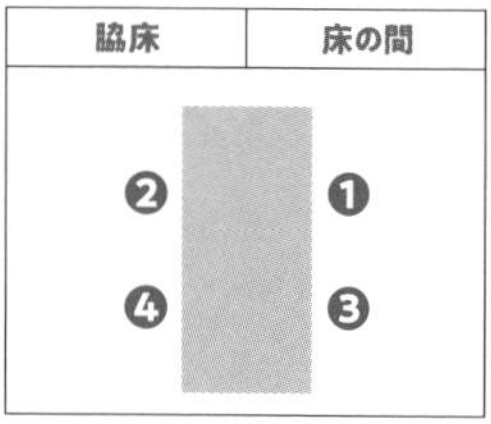

床の間に対し、テーブルが垂直でも床の間に近い順に座ります。

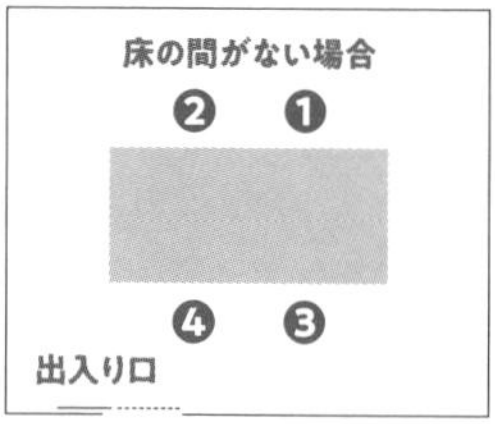

床の間がない場合は、入口から遠い席が上座。入口に近い席が下座となります。

洋室

洋室では部屋の奥、出入口からいちばん遠い席が上座です。暖炉がある場合はそれを床の間と見立て、暖炉を背にする席を上座とします。

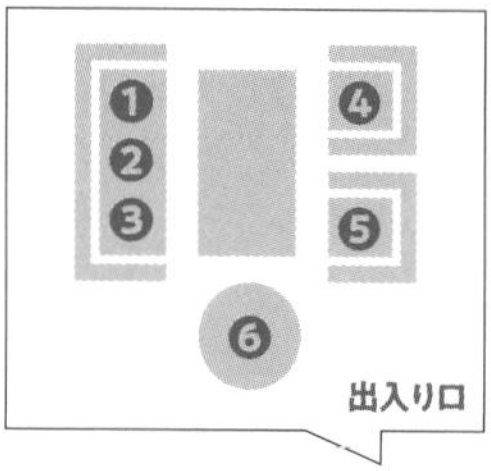

イスの種類が違う際は、座り心地のいいイスから座ります。座り順は入り口から遠い順が基本です。

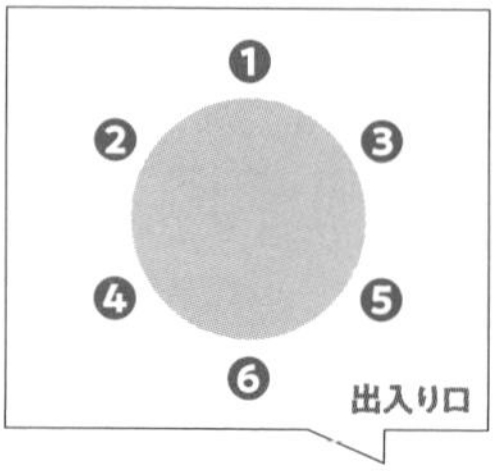

円卓では、入口からいちばん遠い席が上座です。以下、入口から遠い順に座ります。

◆ 箸の作法

箸を正しく持つのはもちろんですが、注意したいのは箸の使い方。一緒に食事をする人を不快にさせないよう、箸使いのタブーをチェックしましょう。

箸使いのタブー（きらい箸）

刺《さ》し箸

料理に箸を突き刺して食べるタブー

突《つ》き立《た》て箸

盛ったご飯に箸を立てるタブー

渡《わた》し箸

食事の途中に器に箸をかけ渡すタブー

拾い箸（ひろいばし）	箸と箸（箸同士）で食べ物を渡すタブー
持ち箸（もちばし）	箸を握ったまま同じ手で器を持つタブー
寄せ箸（よせばし）	箸を使って器を引き寄せるタブー
迷い箸（まよいばし）	どれを食べるか器の上で箸を動かすタブー
さぐり箸（さぐりばし）	料理の中に箸を入れて取り出すタブー
握り箸（にぎりばし）	握るようにして箸を持つタブー
拝み箸（おがみばし）	合掌して親指と人差し指の間に箸を挟むタブー
ちぎり箸（ちぎりばし）	箸を両手で１本ずつで持って料理をちぎるように箸を使うタブー
ねぶり箸（ねぶりばし）	箸の先を口に入れて舐めるようにするタブー

◆ 手《て》締《じ》め

行事や物事の無事終了を祝い、食事会や宴会でねぎらいの意味で掛け声とともに手を打つ風習があります。ちなみに最初の掛け声の「イヨーッ」は、「祝おう」がなまったものとか。

一本締め	掛け声のあと「パパパン パパパン パパパンパン」の手拍子を１回のみ
三本締め	掛け声のあと「パパパン パパパン パパパンパン」を計3回
一丁締め	掛け声のあと「パン」と一回のみ。「関東一本締め」とも呼ばれます

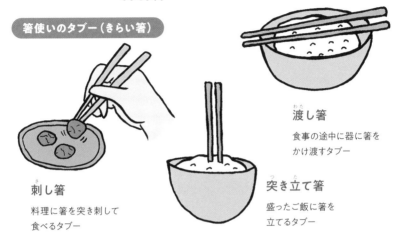

監修者紹介

千葉公慈 (Koji Chiba)

1964年、千葉県市原市生まれ。駒澤大学大学院人文科学研究科博士後期課程満期退学（文学修士）。駒沢女子大学人文学部日本文化学科で講師、准教授、教授歴任後、2019年12月より東北福祉大学学長および学校法人栴檀学園常務理事に就任。曹洞宗宝林寺第24世住職。テレビ、雑誌、講演などで仏教の教えや生き方を説く。また民俗学や日本人の思想にも造詣が深い。千葉県市原市「いちはら観光大使」。著書に『知れば恐ろしい日本人の風習』『仏教から生まれた意外な日本語』『うつが逃げ出す禅の知恵』『禅の食』（いずれも河出書房新社）、『お寺と仏教』（河出夢文庫）など多数。

カバー・本文デザイン	山﨑恵（アート・サプライ）
イラスト	あきさんぽ
編集・執筆	京澤洋子（アート・サプライ）
執筆協力	歯黒猛夫（オフィステイクオー）

《参考文献》
『日本のしきたりがわかる本』新谷尚紀監修（主婦と生活社）、『日本のしきたりがまるごとわかる本 令和版』新谷尚紀監修（晋遊舎）、『イラストでよくわかる日本のしきたり』ミニマル＋BKOCKBUSTER（彩図社）、『12ヶ月のしきたり 知れば納得！暮らしを楽しむ』新谷尚紀監修（PHP研究所）、『これだけは知っておきたい！日本の神様と日本人のしきたり』戸部民雄著（PHP研究所）、『運がよくなる日本のしきたり』小泉茉莉花著（王様文庫／三笠書房）、『暮らしのしきたりと日本の神様』三橋健監修、平井かおる著（双葉社）、『知れば恐ろしい日本人の風習』千葉公慈著（河出書房新社）

眠れなくなるほど面白い
図解　日本のしきたり

2020年 5月10日　第1刷発行
2023年11月10日　第5刷発行

監 修 者	千葉公慈
発 行 者	吉田芳史
印 刷 所	株式会社光邦
製 本 所	株式会社光邦
発 行 所	株式会社 日本文芸社

〒100-0003　東京都千代田区一ツ橋1-1-1　パレスサイドビル8F
TEL　03-5224-6460（代表）
URL　https://www.nihonbungeisha.co.jp/

© NIHONBUNGEISHA 2020
Printed in Japan 112200422-112231102 Ⓝ05（300032）
ISBN978-4-537-21795-7
（編集担当:坂）

内容に関するお問い合わせは、小社ウェブサイトお問い合わせフォームまでお願いいたします。
ウェブサイト　https://www.nihonbungeisha.co.jp/